齋藤孝の仏教入門

齋藤 孝

nbb
日経ビジネス人文庫

文庫版のためのまえがき

誰もが抱える日常のストレスの軽減に、仏教の教えが役立つのではないか。そんな発想から本書（『仏教　心を軽くする智慧』を改題）を上梓したのは、今からおよそ四年前だった。宗派や難しい教義の話は抜きにして、大本のブッダ（ゴータマ・シッダールタ／釈迦）の言動をたどりつつ、そのエッセンスを生活に取り入れようという趣旨だ。

そして今、仏教の必要性は当時より増しているように思える。私たちのストレスは減るどころか、むしろ増えている感があるからだ。要因はいくつもあるが、大きくは以下の三つだろう。

第一は、「不寛容」が広がっていること。例えば昨今、セクハラやパワハラをはじめとする「〇〇ハラ」という表現が四年前より格段に増えた。もちろん、人を不快にさせる言動は慎むべきだ。しかし、自分に直接害のないことでも「絶対許せない！」

と全否定する傾向が見られる。

些細な言い回しや冗談さえ「○○ハラ」として糾弾されるとすれば、コミュニケーションはきわめて神経質で萎縮したものにならざるを得ない。それ自体がストレスになるし、そういう希薄な人間関係が、ますますムダな緊張の温床になるのではないだろうか。

私自身、昨今は大学の授業にも非常に神経を使うようになった。もし発言の一部が切り取られ、曲解されたままSNSにでも拡散されたら、一気に職を追われることになりかねないからだ。

これはある意味で、仕方のない面もある。社会学者ノルベルト・エリアスは、有名な著書『文明化の過程』（法政大学出版局）において、文明とはマナーの進化であると看破した。だとすれば、高度な文明社会に生きる私たちは、日常生活の多くの場面であたかも貴族のような上品な振る舞いを求められることになる。しかし、そこに息苦しさを感じるのは私だけではないだろう。

第二は、余裕のない働き方。メガバンクなどが相次いで大規模なリストラを発表する一方、サービス業や建設業などでは深刻な人手不足が続いている。いずれにも共通するのは、現場で働く人の仕事量が格段に増えたことだ。それも人が少ない分、一人で複数の役割を担うことがよくある。

その結果、長時間労働による精神疾患や過労死が後を絶たない。そこまで行かなくても、多忙な日々の中で世の中や周囲に関心を持つ余裕を失ってしまう。そこに待ち受けているのは、強い重圧感と孤立感である。これもストレスにつながることは、多くの人が経験済みだろう。

そして第三に、精神そのものが弱くなっていること。特に若い人は、以前よりずいぶんおとなしくなった。よく言えば真面目で優しいのだが、悪く言えば欲や覇気がない。クルマもいらない、酒も飲まない、恋愛より自室でゲームをしているほうが好き、といった具合だ。

そんな彼らはしばしば「さとり世代」と称される。しかし、この呼び名には違和感を覚える。ブッダが得た「悟り」には、何事にも動じない強さがある。「悟り」とはただやさしいだけでなく、「強さ」を伴うものだと思う。その点、ＬＩＮＥで友人から「既読スルー」されるだけでうろたえたり、職場で上司にちょっと厳しいことを言われるだけで心が折れたりする彼らは、とても「悟りを得た」とは言えない。むしろ、「穏やか世代」「繊細世代」などと呼んだほうがいい。

ここに挙げた「不寛容」「余裕のなさ」「精神の弱さ」に共通するのは、「他者の視線を気にしすぎる」心のありよう、つまり自意識の肥大化である。それは仏教が説く「慈悲」の絶対量が不足しているということでもある。

本書でも述べているとおり、「慈悲」とは単に「慈しむ」「悲しむ」ではなく、人に何かを与え、人の苦を取り除くという意味だ。しかし自意識が大きくなれば、他者からの評価を気にする割に、他者が見えなくなる。「自分第一」で考えるなら、傷つくことを恐れて、人との接触をできるだけ狭く浅くしようという発想にもなるだろう。それがますます自意識を肥大化し、慈悲から遠のく悪循環に陥ってしまう。

これを断ち切るには、あらためて〝修行〟することをおすすめしたい。そこで仏教の出番である。

修行といえば、しばらくお寺に籠もって禅を組んだりするのが王道かもしれない。だが忙しい現代人は、なかなかそうもいかない。ならば日常生活を修行の場と考えてみるといい。

幸か不幸か、私たちの日常にはさまざまな波が待ち構えている。荒波に巻き込まれそうになることもあれば、凪で前に進めないこともある。その一つひとつを〝修行〟と捉えれば、私たちは実にすばらしい環境を生きていると言えなくもない。そこにブッダの教えを当てはめ、心を軽くするヒントを綴ったのが本書だ。

つまり、感覚としてはサーフィンの教則本に近いかもしれない。念頭に置いたことは三つある。どんな波が来ても、とりあえずバランスを保てること。もし海中に落ちても、すぐに復帰できること。そして何より、サーフィン自体を楽しむこと。これらをマスターできれば、「悟り」を開いたと考えていいだろう。

実際、もはや「解脱」の域に達したとしか思えないようなビジネスパーソンを、私は何人も知っている。例えば大学時代の友人たちは、社会的にたいへんな役割と責任を負いつつ、激務をこなしているはずなのに、彼らから「忙しい」とか「疲れた」というセリフを聞いたことがない。常に穏やかで、上機嫌で、柔軟性がある。おそらく、これまでいくつもの大きな荒波に揉まれているうちに、すっかり心が磨かれたのだろう。

こういう人物が中心にいる組織は強い。上司の姿勢は、かならず部下に伝播する。どんな事態に見舞われても、上司が堂々と構えていれば、部下は不安を払拭され、勇気を得て立ち向かおうという気になれるに違いない。これこそ、組織においてもっとも有用な「慈悲」ではないだろうか。

つまり、修行は自分自身のためだけではない。それによって「悟り」を得れば、周囲にも安心感を与えられる。誰もが他者からの評価を気にしすぎ、「自分第一」になりがちな昨今だけに、必ず頼られる存在になるはずだ。

ブッダの生涯を象徴するものの一つに、入滅する（亡くなる）様子を描いた「釈迦涅槃図」がある。いくつも存在するが、横たわるブッダの周囲に大勢の弟子と、さらに多数の動物まで集まっている図柄が一般的だ。

昨今は、終活がブームで、〝終わり方〟も多様化しているようだが、ブッダのような最期もある種の理想形である。世の中のあらゆるものに「慈悲」を施し、世の中から慕われて惜しまれる。しかし、これは決してブッダしか経験できないことではない。

仏教には、そんな知恵が満ちている。本書でその一端を知り、日々の心の処方箋として活用していただければ、著者として望外の喜びである。

齋藤　孝

はじめに

そもそも仏教は
実践することに意味がある
神にすがるより、自らの力で歩め

近くて遠い存在――多くの人にとって、これが仏教のイメージではないだろうか。冠婚葬祭でお世話になることはある。家系的には特定の宗派に属している。でもふだんは意識したこともないし、どんな教義なのかも知らない、といった具合である。それはもったいない、というのが本書の出発点だ。

本書は仏教理論の解説書ではない。そもそも私は仏教の専門家ではないので、そのような役は荷が重い。しかし後にも詳しく述べるように、呼吸法の研究を通じてブッダ（ゴータマ・シッダールタ）に出会い、その思想や言動に心を動かされてきた。その姿は仏教の始祖というより、一人のひたむきな修行者であり、多くの人に悟りを説く人格者という印象だ。

その教えは、今日にも通用する。誰もが強いストレスに苛まれているからこそ、より輝きを放つともいえる。いわば究極かつ普遍的なストレス・マネジメント術である。

ところが、仏教が文化や生活にまで浸透しているはずの日本で、肝心のブッダの教えはあまり浸透していない。私はそれを「もったいない」と感じるのである。

周知のとおり、ブッダは菩提樹の下で瞑想して悟りを開き、それ以降の人生を伝道の旅に費やした。それも布教活動というより、あるときは修行のインストラクターとして、またあるときは悩める人のカウンセラーとして振る舞った感がある。

その教えの中に、「神」のような存在は登場しない。絶対的な「神」を擁するキリスト教やイスラム教とは、この点が大きく違う。**「神にすがるより、自らの力で歩め」**というのが、ブッダの基本的な考え方だったのである。

言い換えるなら、誰でもブッダのように〝悟り〟を開くことができる、ということだ。それはブッダが生きた時代の人々であれ、現代人であれ変わらない。極論すれば、キリスト教徒でもイスラム教徒でも、宗旨替えしないまま悟ることも可能だろう。「神」の部分で対立しないし、ストレスを軽減したいというのは、全人類共通の願いだからだ。あまり知られていないが、これが仏教の大きな特徴である。ならばその方法を学んでみようというのが、本書の狙いである。

そもそも仏教は、実践することに意味があると私は考えている。スポーツと同じで、いくらルールブックや理論書を読んでも、それだけでは上達はしない。実生活の中でブッダの教えを試行錯誤しながら体得していくものだ。そして最終的には、ブッダと同様に〝悟り〟を得ることを目指す。それが、忙しく働いている人にとっての、もっとも有効な仏教活用法だろう。

それに、日本はもともと仏教が比較的身近にあるのだから、〝悟り〟への道も比較的近いかもしれない。これは、世界と戦う日本人にとってたいへんな〝先行者利益〟であり、〝武器〟にもなり得ると思っている。

といっても、超人的な「聖者」を目指すわけではない。厳しい日々の中でも、とりあえず心が安定して上機嫌でいること、突発的な出来事に直面しても、我を忘れずに冷静に対処できること。これが現代人に求められる〝悟り〟ではないだろうか。

仏教とは最強の「メンタルマネジメント術」である

私なりに解釈するなら、**仏教とは自分という存在を「感情」「理性」「身体」に三分割して考えるメンタルマネジメント術である。**

私たちはふだん、「感情」に支配されがちだ。怒って怒鳴り散らすまではいかなくても、いつまでも心に引っかかってすっきりしなかったり、何かの失敗で落ち込み、ずっと仕事が手につかなかったり、あるいは緊張感が緩んだまま、大事な場面でも力を発揮できなかったりする。

「このままではダメだ」とわかっていても、なかなか立ち直れない人が多いのではないだろうか。そのギャップが、ストレスの元凶でもある。

そういうとき、まず「身体」を使って「感情」をコントロールしようというのが仏教の考え方だ。詳細は本章で述べるが、瞑想や呼吸法を駆使することで「感情」から距離を置き、ある意味で対峙させようというわけである。

例えば「怒りに震える」という言葉があるように、ふつう「感情」が昂ぶっているときは「身体」も硬くなる。いわば心と身体が渾然一体となって怒りを表現するわけだ。だが「身体」を制御して落ち着ければ、「感情」は文字どおり「怒りのやり場」を失う。それによって「感情」も鎮めることができるのである。

その意味で、原始の仏教は宗教というよりヨガに近かったといえるだろう。昨今はヨガブームが到来しているが、どちらかといえばダイエットや健康法に重点が置かれているように思われる。それ自体は悪いことではないが、ヨガには「感情」をコントロールする役割もあるということだ。

そして、「感情」と「身体」のバランスを保つのが「理性」である。いくら瞑想や呼吸法を実践しても、魔術ではないから、痛みや苦しみが消えるわけではない。それでも**「感情」の爆発を抑え込むのが「身体」であり、その「身体」に指令を出して心に耐性を持たせるのが「理性」である。**さながら幽体離脱したように、自分の置かれた状況を冷静に見つめる目の役割を果たすわけだ。

学び続けることが〝修行〟

「理性」の働きはそれだけではない。「感情」をコントロールすることも重要だが、それだけではおとなしくなってしまうだけだ。**痛みや苦しみが多くてもなお、生きていること自体を祝福し、喜びを感じるように仕向けることも大きな役割である。**

それは、些細なことに気づくだけでもかまわない。例えば「今日も呼吸ができる」「水が飲める」「ふつうに歩ける」と感じることも、いわばこの世に意識ある存在として生まれた証拠だ。石や岩に生まれなくてよかったという意味では、祝祭に値しよう。

壮大な話をすると、ビッグバンによって宇宙が誕生したのが、今から約一三八億年前といわれている。そして微生物のような原始的な生物が生まれたのが約三五億年前。その後、人類が登場したのは約五〇〇万年前、現生人類はほんの一〇万年前とされている。つまり人間という、意識ある存在としての生命が生まれるまでに、生命誕生から実に三五億年もの歳月を要したわけだ。

そう考えると、この世において私たちの価値がいかに高いかがわかる。ふだんは当たり前のように人と話したり、喜怒哀楽をさまざまな方法で表現したりしているが、そういう行為自体、宇宙の歴史の中ではたいへん稀少でめでたいことなのである。

しかも、一三八億年の宇宙史、一〇万年の現生人類史に比べれば、個々人の人生はあまりにも短い。その貴重な時間を怒りや怨みといったネガティブな感情で費やしてしまうのは惜しい。**そういうことに気づけるかどうかは、知識とそれを得ようとする「理性」しだいである。**

あるいは古今東西の偉人や天才の生きざまに触れたり、学問の世界に入ったり、芸術作品を鑑賞したりすることで、「人間はすごい」「自分はまだまだ」と感じることもある。それが自分の「感情」を制御したり、あるいは鼓舞したりする瞬間もあるだろう。

いずれにせよ、どんな分野であれ重要なのは、学び続けるということだ。それが、現代における〝修行〟であり、自分の「理性」を育てることでもある。

私が呼吸法に目覚めた理由

ここで、私と仏教の関わりについて述べておこう。

高校時代、テニス部に所属していた私は、試合の大事なポイントになると手のひらが汗だくになり、ラケットが滑ってミスショットになるという癖に悩んでいた。今にして思えば異常に緊張していただけだろうが、それを克服しなければ勝てないと真剣に考えていたのである。

そこで得た解決法の一つが、呼吸法だった。それによって心を整え、余計なプレッシャーを自分にかけず、今に集中するという練習を重ねた。参考にした本は多いが、中でも印象的だったのがドイツ人の哲学者オイゲン・ヘリゲルの著書『弓と禅』（福村出版）だ。戦前の東北帝国大学で教鞭をとっていたヘリゲルは、その傍ら、弓道の修行を通じて禅の世界を学んだ。その鮮烈な体験を綴った名著である。

同書の前半で、力んで弓をうまく引くことができないヘリゲルに、師範が基本的な呼吸法を教える場面がある。

〈（略）この呼吸法によって、あなたは単にあらゆる精神力の根源を見出すばかりでなく、さらにこの源泉が次第に豊富に流れ出して、あなたが力を抜けば抜くほどますます容易にあなたの四肢に注がれるようになるからです。〉

たかが呼吸と思われるかもしれないが、これほどの力を秘めているのである。さらに師範は、矢を射るまでの細かい型や姿勢に四苦八苦するヘリゲルに、以下のようにも教えている。

〈あなたは何をしなければならないかを考えてはいけません。（略）射というものは実際、射手自身がびっくりするような時にだけ滑らかになるのです。〉

これはまさに禅の考え方で、さらにいえばブッダの考え方に近い。**弓は自力で射る**

のではなく、構えをつくることで自然に射られるのを待つ、ということだ。そのための呼吸法であり、型であり、姿勢なのである。たしかにこれなら心は落ち着くし、身体に余計な力が入ることもない。私はここからヒントを得てテニスに応用し、手のひらの汗を克服したのである。

こんな体験を契機として、身体論と呼吸法は私の専門分野になった。ヨガや武道をはじめ、古今東西にある数多くの身体技法を片っ端から修得することで、それぞれの呼吸法をマスターした。つまり、かれこれ三〇年以上も呼吸法に関わり続けてきたわけだ。

その過程で気づいたのは、**どんな呼吸法であれ、結局はブッダの呼吸法に行き着く**ということだ。呼吸を通じて自分を見つめ、制御していくこと。それがブッダの目指したところではないだろうか。

そこで本書では、身体論と呼吸法の専門家としての観点から、仏教にアプローチしたい。それも原点に立ち返り、ブッダの思想に重点を置くことにする。

先に述べたとおり、もともと原始仏教はメンタルの問題に立ち向かう方法として、きわめて実践的だ。そこにはまさに、「心を軽くするための智慧《ちえ》」が集約されている。

本書では、多くのストレスを抱える現代人として、あるいは多くの人と関わって生きていく社会人として、その教えをいかに活かすべきか考えてみたい。

また仏教への理解を深めるために、仏教が日本人と日本史に及ぼした影響についても言及した（第5章）。もっと仏教を知りたい人のために、かなり濃密なブックガイドも用意した（第6章）。

なお、「ブッダ」とは「目覚めた人」という意味で、本来は特定の人物を指す言葉ではない。しかし本書では、特に断らないかぎり、仏教の始祖であるゴータマ・シッダールタを指すこととする。

「損得」などという下世話な価値観は、ブッダの思想には馴染まない。しかし世俗にまみれた私から言わせてもらえば、現代人にとって仏教を知らないことは、明らかに「損」である。本書を通じて、それを実感していただければ幸いである。

目次

第2章

ビジネスにこそ「慈悲」を

第3章

逆境に負けない心をつくる

第4章

ブッダの「悟り」を追体験する

第5章

日本に伝わり根づいた仏教

第6章

仏教をより詳しく知るためのブックガイド

第1章

忙しい人ほど仏教が必要だ

ストレスが溜まるのは当たり前

職場に心の病が蔓延して久しい。長期休養を余儀なくされる人、退職せざるを得なくなる人も後を絶たない。それだけ現代の日本人は過酷な日々に直面しているということだろう。

だが、世の中の厳しさは今に始まった話ではない。振り返ってみれば、戦後間もなくのころは明日の食糧も確保できないほど生きることが大変な時代であった。あるいは戦前も、もっと遡れば江戸時代も、多くの人は貧しかった。

ところが当時、心の病に苛まれる人が多かったという話は聞かない。そもそも生活自体が厳しかったため、心の問題にかかずらっている場合ではなかったのかもしれない。あるいはそういう診断をできるほど、医学が発達していなかったという事情もあるだろう。

加えて戦後の場合、アメリカ的なライフスタイルという憧れの存在があった。クルマ、テレビ、冷蔵庫などを手に入れて豊かになることが目標になり、励みにもなった。時代そのものが右肩上がりだったため、「がんばれば明日は今日よりかならず良くなる」という確信を持てたことも大きい。だから貧しくても、人々の心は比較的安定していたのだろう。

しかし現在、日本は世界有数の金持ち国にはなったものの、伸びしろを失っている。誰もがひと通りのものを手に入れ、とりあえず飢えることはないが、さらなる成長は期待できない。むしろ今が頂点で、今後は衰退するのではないかという不安がある。そこにモヤモヤした虚しさを感じたとしても、不思議ではない。

そしてもう一つ、昨今の大きな特徴は、あらゆるシーンでスピードが求められるようになったことだ。誰もが携帯電話やスマホを持ち歩くようになり、**仕事はもちろんプライベートでも、一日単位で処理すべき情報量が圧倒的に増えている。**今や中学生でさえ、友人関連のメールを次々とやりとりしなければならない時代である。

まして社会人であれば、いつでも、どこにいても、即座に対応を求められる可能性がある。それも「がんばれば良くなる」というより、「がんばらなければ脱落する」

という強迫観念が原動力になっている気がする。

おかげで、かつてなら自宅でゆっくり過ごしていた時間まで削られた。常に人間関係に神経を遣うということでもある。まさに「気の休まる暇がない」状態に置かれているわけだ。

これは、人類が今までに経験したことのない感覚だろう。だから心身がついて行けず、ストレスを溜め込み、ついにはコントロールを失って支障をきたしてしまう人が続出しているのではないだろうか。

一方で、忙しいことは快感でもある。それだけ多くの人に能力を認められ、期待されているわけで、つい寝食を削ってでも応えようという気になる。つまり忙しい人ほど、スピードを調整するどころか、より加速度がつきやすいのである。

それが危険な状態であることは、言うまでもない。実際、第一線で活躍していた人が、突然エアポケットに陥るように心の病を発症するケースは少なからずある。そうなる前に、何らかのメンテナンスが必要だろう。

心の処方箋としての仏教

単に世の中のスピードから逃れるだけなら、その方法は簡単だ。携帯やスマホを置いたまま、南の島にでも飛んで行けばいい。

先日、私は沖縄県の竹富島に行く機会があった。暖かな気候と穏やかな人々が溢れる、まさに楽園だ。見学をさせていただいた学校の授業も、実にゆったりしていた。時間の流れそのものが遅く感じられるのである。

こういう場所で暮らすことができれば、それに越したことはない。ついでに携帯やスマホも手放せば、スピード社会から解放されて自分の時間を取り戻せる。だが本当にそんなことのできる人は、ごく少数だろう。現実には、電波やメールの届かない環境にいると、たちまち不安になるはずだ。一時的にリゾート地で過ごしたとしても、「むしろ仕事をしていたほうが落ち着く」という人も少なくない。好むと好まざるとにかかわらず、私たちは世の中のスピードとともに歩むしかないのである。

そこで重要なのは、そういう状況下で生きると覚悟を決め、なおかつ耐えられるだけの心身の状態をつくることだ。その際に役立つのが、仏教である。それも**単に知識として仕入れるだけではなく、生活の中で実践することで、心と身体の構えをつくることができる**のである。

社会にストレスが多いことは誰もが認識しているから、ストレスに対処する方法も数多く提案されている。スポーツで汗を流せばすっきりするという人もいるし、酒を飲んで忘れるという人もいる。あるいは趣味の世界に走る人もいる。まさに人それぞれだが、逆にいえば万人に当てはまる方法を見つけるのは難しい。

その点、仏教なら誰でも実践できる。私自身、相応にストレスの多い日々を過ごしてきたため、さまざまな解消法を試してきた。そこで得た結論は、とりあえず仏教がもっとも簡単かつ安定的であるということだ。ブッダ（ゴータマ・シッダールタ）が悟りを開いて以来、今日まで連綿と受け継がれてきたことからも、それはわかるだろう。日常生活に何の効果ももたらさないのであれば、とうの昔に廃れているはずである。

なお、仏教は宗教だが、本書では信仰心については深く掘り下げない。ものの考え方や心身のリラックス法という、いわば「心の技術」を修得することが本書の目的だ。そういう鷹揚さを持ち合わせていることも、仏教の魅力である。

日常に溶け込んでいる仏教

振り返ってみれば、私たちは学校で「心の技術」を学ばなかった。道徳の授業はあったが、「社会の中で役立つ仕事とは何か」とか「人としてどう振る舞うべきか」といったテーマが中心であり、心の問題までは触れなかった。これは、現在の学校でも変わっていない。今の時代にもっとも学ぶべきことを、日本人は少なくとも義務教育では学んでいないのである。

これは、ある意味で仕方のない面もある。「心の技術」を学ぶなら仏教がもっともよく整理されているが、公立の教育機関において、特定の宗教を教えることはできない。だから、あえて触れずに来たわけだ。

とはいえ、私たちが仏教的な「心の技術」をまったく学んでいないかといえば、そうでもない。自然に身につけた部分も少なからずある。

例えば定期試験や、部活で大事な試合や発表会が目前に迫ってくれば、誰でもそれなりに緊張する。そのままではふだんどおりの力を出せないから、何とか心を落ち着かせようとする。大きく深呼吸したり、自室や部室に貼り紙をしたり、手に「人」の字を書いて飲み込む仕草をしたり、といった具合だ。実はこれらも仏教の流れを汲んでいる、というのが私の考えだ。

あるいは受験に失敗したり、大事な試合で負けたり、レギュラーになれなかったり等々、学校生活においてままならないことはたくさんある。そういうとき、落ち込んだままでは一向に事態が改善しないことは誰でも知っている。

そこで求められるものも「心の技術」だ。お祓いまでする者は少数だろうが、ちょっと気の利いた生徒なら、古文の授業で覚えた『平家物語』の冒頭を思い出すかもしれない。「諸行無常の響きあり」の意味を噛みしめたり、「おごれる人も久しからず」と自らを鼓舞したりするわけだ。

実はこの冒頭の部分には、仏教の教えが凝縮されている。平家の繁栄と滅亡という事実に重ね合わせ、「あらゆるものは、時の流れとともに移り変わっていく。たしかなものは何もない」という、あきらめにも似た境地が表明されているのである。

周知のとおり『平家物語』はかなり長い物語であり、中には派手な合戦シーンもある。しかし多くの人が記憶するのは、この有名な冒頭部分だろう。おかげで、**日本人には幼少のころから無常観のようなものが刷り込まれている**わけだ。

ならば、もっと意識的に仏教を取り込んでしまえばいい。それによって、常に心の安定を得られるはずである。

仏教をワザとして習得しよう

もちろん、誰でもピンチに立てば「まずは落ち着こう」「後悔しても仕方がない」などと自分に言い聞かせるだろう。問題は、そういう考え方が〝ワザ〟として定着しているかということだ。

ある種の思考実験だが、仮に目の前にブッダがいたとしよう。ブッダは「この世は〝苦〟である」と宣言し、「そこから逃れる道を説こう」とあらゆる人に語りかけ、どんな質問にも即答するような人物だった。

だから、悩みや心のモヤモヤを打ち明ければ、ブッダはたちどころに何らかの解を教えてくれるだろう。しかも悟りを開いているから、〝苦〟から解き放たれ、明るく輝いて見える。そんな人格的なインパクトも手伝って、「言われたとおりにすればうまく行く」と素直に信じたくなるに違いない。あるいは「自分はまだまだ小さいな」と自覚せざるを得ないかもしれない。

さらには、「こういう生き方もあるのか」「もっと話を聞いてみたい」「いつもそばにいて見習いたい」とすっかり感化され、憧れる人も現れるだろう。これが、仏教的にいえば「帰依する」ということだ。

実際、ブッダの教えは爆発的に広まった。それだけ多くの人がブッダの人格や話に魅了されたということだろう。その中には、ブッダの後を追うように修行して悟りを開いた人もいる。心をコントロールするワザを身につけたわけだ。

実はそういう人も、「ブッダ」と呼ばれた。ブッダとは固有名詞ではなく、「目覚めた人」を指す言葉である。**ごくふつうの人間でも、理性で感情を抑え、他人と慈悲の心で接し、穏やかに生きることができれば、その人は「ブッダ」なのである。**

だとすれば、私たちにもブッダに到達できる可能性がある。少なくとも「ブッダ」は、全知全能の神のような存在ではない。もちろん〝修行〟することが前提だが、神よりもずっと近づきやすい、むしろ近づくべき存在なのである。

その意味で、仏教は宗教というより、心を安定させるための学問であり技術であると認識し直したほうがいいだろう。「世界三大宗教の一つ」であることは間違いないが、無理をして「信者」になる必要はない。仏教はワザとして習得すべきものなのである。私自身、仏教をそういうものと捉えている。

ブッダは神ではない

言い換えるなら、仏教は神を想定する宗教ではないということだ。ブッダとそれ以外のふつうの人との間に、超えられない壁があるわけではない。これが、他の宗教とは違う、仏教の大きな特徴である。

例えばキリスト教の場合、神は絶対的な存在であり、人間はけっして神にはなれない。しかも両者の間には、圧倒的な能力差がある。唯一、イエスだけは「神の子」というポジションを獲得したが、これは稀なケースだ。だからふつうの人間は神に祈りを捧げ、救いを乞うしかないのである。

これに対し、哲学者ニーチェは代表作『ツァラトゥストラはこう言った』(岩波書店)の中で「神は死んだ」と述べた。神を設定することにより、人間の優れた所業はすべて「神の思し召し」となる。だとすれば、人間そのものに残されるのは卑しい部分のみ。おかげで人間は劣等感に苛まれつつ生きることになる。

ニーチェは、そういう概念装置としての神の存在に異議を唱えた。地上に生きている私たちこそが祝福される存在であり、偉大な理性も持っている。そこにもっと自信を持ち、人間としての卑小性を乗り越えるべき、というわけだ。これがニーチェの説く「超人論」である。

米欧のキリスト教社会にとって、この発言はきわめて衝撃的だった。しかし仏教的な観点でいえば、相通じるものがある。ニーチェとブッダは、実は同じ夢を見ていたのかもしれない。

多くの日本人にとっても、意外に受け入れやすいのではないだろうか。そもそも日本人は絶対神の概念を持ち合わせていないからだ。その意味でも、日本人と仏教の親和性は高い。信者であるかどうかは別にして、その教えに違和感を覚えることは少ないだろう。

だとすれば、仏教の知恵や技術を身につけて損はない。むしろスピードに巻き込まれて心が危うい時代だからこそ、抗うための術が必要なのである。

どれほど働いても、老いと死には勝てない

例えば、忙しさについて考えてみよう。

人気のテレビドラマ『相棒』に、角田という隣の部署の課長が登場する。特命係の

主人公二人に、「暇か？」と話しかけるのが常だ。

ドラマだから軽く聞き流しているが、もし自分が同僚に「暇か？」と聞かれたらどう思うだろう。実際に暇だったとしてもいい気はしないし、まして忙しかったとしたら、いかに自分が仕事しているかをアピールしたくなるはずだ。

つまり「忙しさ」とは、身体的・精神的に厳しい反面、社会人としてのステータスであり、憧れでもある。逃げ出したいと思うほど辛い人もいるだろうが、「たいへんだ」と言いつつ、かえって心を沸き立たせる人もいる。それはおそらく、給料が上がるとか出世できるといった打算とも無縁だ。単純に、忙しいことが喜びなのである。

そういう人は、一日のスケジュールの大半を仕事で埋め尽くしてしまう。むしろ**働くことで高揚して苦痛を感じなくなり、働いていなければ不安になる。**いわゆるワーカホリックの状態だ。だがその挙げ句、身体が悲鳴を上げたり、精神に支障をきたしたりしてしまうのである。

かくいう私自身が、かつてはこの状態だった。三〇歳過ぎまで定職のなかった私は、本の出版をきっかけに執筆や講演の依頼をいただけるようになり、そのほとんどを引き受けた。暇の状態から反動するように、まさにワーカホリックに陥ったのである。仕事量は加速度的に増加した。

その当然の帰結として体調を崩し、しばらく入院生活を余儀なくされた。以後、身体と相談しつつ、仕事をかなり整理して今日に至っている。それでもまだ十分に多いが、息抜きできる時間も確保するよう努めている。

こういう現代人の存在を予見したかのように、ブッダは以下のようないささか厳しい言葉を残している。

〈男も女も幾百万人と数多くいるが、財産を貯えたあげくには、死の力に屈服する。〉

〈いくら財産を貯えても、最後には尽きてなくなってしまう。高い地位身分も終には落ちてしまう。結びついたものは終には離れてしまう。生命は終には死に至る。〉

〈「わたしはこれをなしとげた。これをしたならばこれをしなければならないで

あろう。」というふうに、あくせくしている人々を、老いと死とが粉砕する。〉
（『ブッダの真理のことば　感興のことば』中村元訳、岩波文庫）

いかにも〝諸行無常〟感の漂う言い方だろう。忙しさに充実感を見出すことは、けっして悪いことではない。しかし、どれほど忙しくしたところで、老いと死には勝てない。私たちは、その虚しさを受け入れる必要がある。仕事が過熱気味になってきたら、この言葉を思い出してみてはいかがだろう。

「この世は苦」を受け入れる

「この世は苦で満ちている」――これがブッダの思想の出発点だ。「生老病死」のみならず、思いどおりにならないこと自体が苦であるという認識である。

そして「八正道」と呼ばれるような修行を行うことで、苦に惑わされない心が完成すると説く。大切なのは、もっとも正しい道（中道）を歩むことだという。

世界的に見ても、あるいは世界史的に見ても、日本に「苦」が多いとは想像しにくい。だから海外には、日本に憧れる人が無数にいる。たしかにおおむね豊かだし、治安はいいし、インフラ等もよく整備されている。地震は多いものの、そのために暴動や略奪が起きることもない。まさに平和そのものの国である。

ところが、そこに住んでいる私たちに苦がないかといえば、そんなことはない。前述のとおり行き詰まり感はあるし、日々追いかけられるストレスもある。あるいは人それぞれ、小さなことで思い煩ったりもしている。**大きな苦はないかもしれないが、小さな苦に満ちている**、という感じではないだろうか。

それを反映しているのが、自殺者の多さだ。近年はようやく減少傾向にあるものの、年間三万人弱にのぼっている。**豊かで平和なはずの日本だが、自ら命を絶ちたくなるほどの苦が蔓延している**ということだ。

つまり「この世は苦である」というブッダの認識は、今日の日本においても当てはまるわけだ。「苦」という言葉と向き合うこと自体、すでに仏教的ということでもある。

ただし苦の中身は貧しかった時代より細分化し、傍から見れば大したことではなくても、本人にとって苦以外の何物でもないことがある。だから誰にも相談できず、余計に苦を溜め込んでしまうのである。

そういうとき、無理をせずに「これがブッダの言う苦なんだ」と認識するだけでも、とりあえず落ち着けるのではないだろうか。

「やり切った」と言えるものがあるか

では、苦の要因は何か。ブッダによれば、それは「欲」であるという。欲を捨てれば苦もなくなる、と説いている。

極端にいえば、**他人への愛情さえも欲や苦になり得る。**例えば、自分の子どもを社会的地位の高い人間にしたいと願ったとしよう。これ自体はよくある話だが、そのために子どもの一挙手一投足に口を出したり、無理やり勉強させたり、さらには成人後までいろいろ指図したりとなると、お互いにとって苦になる。当たり前の話だが、子どもであっても独立した人間であり、親が将来まで決めることはできない。それは親としての愛情というより、執着ないしは欲でしかないのである。

こういう欲をすべて捨て去れば、ものごとを冷静に見ることができる。例えば**「どうしても欲しい」と思っていたものでも、ふとした瞬間にそれほどでもないことに気づいたりする。**一見すると難しく思われるかもしれないが、実はそういうシーンを、「勝ちたい」という〝欲〟に満ちているはずのスポーツの世界でしばしば目撃することがある。

例えば先のソチ・オリンピック・女子モーグル競技における、上村愛子選手の活躍を記憶されている方も多いだろう。過去四度のオリンピックではメダルに届かず、「最後の出場」と覚悟を決めて臨んだ大会だったが、惜しくも四位となった。長い選手生活の中で、ついにメダルという目標には到達できなかったわけだ。

ところが競技を終えた直後の上村さんは、実に晴れやかな笑顔だった。「満足度は高い。達成感マックスです」というのがご本人の弁。メダルを目指してきたことは間違いないが、それよりも、自分はやり切ったという思いが強かったのだろう。私はこの瞬間、上村さんにブッダを見た。

上村さんだけではない。プロスポーツの世界は、「勝ちたい」という欲望と「勝たなければ」というプレッシャーに満ちている。逆にそれがなければ単なるレクリエーションであり、観客が熱狂することもない。心身ともに鍛錬を積んだ者同士が、いわば全生活を賭けて戦うからおもしろいのである。

その中で勝ち残るには、実力プラスアルファが必要だ。それが、ある意味で欲を捨てることではないだろうか。

実際、**一流といわれるアスリートほど、プレー中にまるで悟りを開いたように見えることがある。**プロテニス界で長く王者として君臨したロジャー・フェデラーもその一人。勝敗の行方を左右するような場面になると、信じられないほどいいプレーをする。写真を見ると、強打している時も静かな表情をしている。澄んだ表情のまま、絶妙なショットを決めるのである。

あるいは、プロバスケットボール界のマイケル・ジョーダンの神がかり的なプレーも有名だろう。残り三秒の時点で難しいシュートを決め、チームに何度も勝利をもたらした。〝神様〟と称される所以である。

いずれにも共通しているのは、技術力もさることながら、どんな状況でも平常心を保つ精神力だ。瞬時に判断を求められる場面でも冷静に対処できるから、実力どおりのプレーができる。欲やプレッシャーから自分を切り離し、一瞬一瞬のプレーに集中しているわけだ。こういう瞑想のような状態をどれだけつくれるかが、一流アスリートの条件といえるだろう。

ジョーダンが所属していたシカゴ・ブルズのヘッドコーチである、フィル・ジャクソンは試合前によく禅の話をしていたそうだ。彼によれば、ジョーダンは禅の目ざす境地でプレーしている。極限状況でも平然とプレーし、ベストを出せるのが〝禅マスター〟だ。

私たちの場合、急に「欲を捨てろ」と言われても難しい。しかし一流アスリートを見習い、できるだけ冷静な心を保つことなら、修行しだいで何とかなる気がしないだろうか。

何かに没入することが「修行」になる

「何かを欲しい」と思うことがなければ、心がざわめくことはない。あるいはプレッシャーがかからない場面なら、浮き足立つこともない。ではその状態がブッダに近いかといえば、そうではない。単に経験不足なだけだ。むしろ、**欲やプレッシャーがある状況ほどブッダになるチャンスが生まれる、と前向きに考えるべきだろう。**

例えば大事なプレゼンがあるとする。「どうしても契約を取りたい」とか「失敗したらどうしよう」などと考えてガチガチに緊張したままでは、前夜もよく眠れないし、本番でも往々にして失敗する。

そうならないためには、まず緊張している自分を認めることだ。それによって自己嫌悪に陥るのではなく、「緊張が止まらないほど集中している」と捉える。そうやって自分を客観視できれば、ある程度は落ち着けるはずだ。それはちょうど、イライラしている最中の自分の顔を鏡で見る感覚に近い。我に返って急に冷めるのである。

その上で、緊張から解放されるために最大限の労力をかけて準備し、納得するまで予行演習を繰り返し、万全の体制で臨めるようにする。その作業自体が、ある種の修行なのである。

それによって**「やり切った」という感覚を持てれば、心も落ち着き、相手の顔もはっきり見えるようになる。**これがブッダに近づくということだ。結果はどうであれ、少なくともメンタル面から崩れて失敗することはなくなるはずだ。

手前味噌の例で恐縮だが、私はこの感覚を受験勉強で得た。だいたい勉強というものは、なるべく少ない労力で最大の成果を得ようとするから不安が残るのである。しかし、例えば夏休みなどに一日一四時間も机にしがみついていると、もはや不安の入る余地がなくなる。ついでに合否さえどうでもいいように思えてくる。いささかキザな言い方をすれば、たとえ入試に落ちたとしても、今まで集中して勉強してきた自分が残ればそれでいい、という境地に達したのである。

これは勉強にかぎった話ではない。**どんな作業であれ、真剣に取り組んでいると、スイッチが入るように没入する瞬間がある。**お金のためとか、成績を上げるためではなく、集中すること自体に精神の安らぎを感じる。子ども時代まで振り返ってみれば、誰でもそんな記憶の一つや二つはあるだろう。

その観点でいえば、現代はむしろ恵まれているともいえる。冒頭にも述べたとおり、誰もが数多くのプレッシャーを感じて生きているからだ。それだけ試される場面が多いということであり、したがって没入する対象を見つけやすいということでもある。そのときどきに逃げ回ってやり過ごすか、開き直って向き合うか。これがブッダになれるか否かの分かれ道である。

ゴーシュと李徴はどちらが幸福?

この両者の違いをデフォルメしたような、二つの文学作品がある。一つ目は宮沢賢治の『セロ弾きのゴーシュ』だ。ゴーシュは町の楽団のチェロ(セロ)担当だが、一向に上達しないため、楽長に怒られてばかりいる。そこで家で練習していると、猫やカッコウなどの動物が訪れては、いろいろな注文をつけていく。

その後、楽団の演奏会が無事に終わると、ゴーシュはアンコールをソロで弾くことになる。動物たちの注文を思い出しつつ、開き直って演奏したところ、楽長や聴衆から大絶賛される。このときゴーシュは、初めて動物たちが自分の練習に協力してくれていたことに気づき、おおいに感謝するのである。

ゴーシュが動物たちから得たのは、演奏技術だけではない。いわば〝公開練習〟で集中力を高めること、そして聴衆がどう思おうと、とにかく自分なりの音を出せばいいという自信だ。いささか荒々しい形ではあるが、これもブッダの表れ方の一つだろう。

もう一つの作品は、中島敦の『山月記』だ。主人公の李徴は自分に詩の才能があると自惚れ、いつか詩人として名を成したいと願っている。しかし、世の中から酷評されて自信を喪失することを恐れ、作品をいっさい発表しなかった。その一方、他人の作品をバカにすることで自尊心を保っていた。そうしているうちに人との交流を避けるようになり、いつしか虎の身に変わってしまう。「臆病な自尊心」「尊大な羞恥心」というフレーズはあまりにも有名だろう。

ゴーシュとは対照的に、李徴には開き直りが足りなかった。世間に揉まれ、どれほど酷評されたとしても、「自分が好きな詩をつくっているだけ」と跳ね返すことができれば、虎になる必要はなかった。そういう覚悟を決めることが、ブッダに近づくということなのである。

「欲」を捨て切る必要はない

経済活動に「欲」はつきものだ。企業も個人も、もっと成長したい、もっと豊かになりたいというエネルギーが日々の原動力になっている。その「欲」を捨てろと言われても、なかなか受け入れ難いだろう。

この点については、今風にアレンジして解釈する必要がある。例えば「成長」や「進歩」という発想から脱却すると捉えれば、現代にピタリと当てはまるだろう。高度経済成長の時代なら、「欲を捨てる」のは難しかったかもしれない。ふつうに働くことで、「今日より明日のほうがよくなる」と信じることができたからだ。「もっと豊かになりたい」と考えるのは自然なことだった。

しかし今、成長率は明らかに鈍化している。「今日より明日がよくなる」と無邪気に信じる人は少ないだろう。無理に成長を目指せば、どこかに歪みが生じかねない。むしろ大きくは成長しないことを前提として、企業のあり方や個人の人生設計を模索する必要がある。その意味で、時代は「欲を捨てる」というブッダのメッセージにマッチしてきたわけだ。

ただこれは、仕事を捨てて仙人のように暮らせという意味ではない。ブッダは、例えば以下のように述べている。

〈正しい法（に従って得た）財を以て母と父とを養え。正しい商売を行え。つとめ励んでこのように怠ることなく暮している在家者は、（死後に）〈みずから光を放つ〉という名の神々のもとに赴く。〉

（『ブッダのことば』）

企業活動にしても個人の労働にしても、基本的には「世の中を便利にする」「誰かの役に立つ」という前提で成り立っているはずだから、それは「正しい商売」であって「欲」ではない。とにかく今の職分を全うすることが大事、と解釈すればいいのではないだろうか。

無欲な若者のほうが心配

むしろ私が最近気になるのは、若い人にそもそも欲がなさすぎることだ。すでに何かを悟ったかのように、穏やかで心も優しい。ブッダに近いといっても過言ではない。それ自体は悪いことではないのだが、同時にバイタリティまで低下している感がある。

例えば私が学生だった約三〇年前は、クルマを持つ学生を誰もが羨んだ。「クルマがあればモテる」という短絡発想があったからで、手に入れたい一心でアルバイトに精を出す者もいた。ところが今の学生は、そもそもクルマにあまり関心を持っていない。モテたいという意欲も乏しい。もちろんアルバイトをする者はいるが、何かを買うためというより、単に生活費のためだったりする。

欲がなければ苦も少ないので、彼らはある意味で合理的ともいえる。だが傍から見ていると、もう少し欲を持てばいいのに、と思うことがある。仮に「人から評価されたい」「出世したい」「金持ちになりたい」といった世俗的な欲だったとしても、それがモチベーションになり、世間に揉まれて心を鍛えることにもなる。少なくとも無欲でいるよりは、本人も周囲も元気になるだろう。

実際のところ、概して仕事はリーダーになったほうが面白い。責任も増えるが裁量も増え、自分のペースで会議を開いたり、決断したりできるようになる。ある意味で楽になれるのである。それはちょうど、他人の運転するクルマに乗ると酔いやすいが、自分で運転すれば酔わないようなものだ。

例えばビートたけしさんの場合、タレントとして多忙をきわめる一方で、映画監督としても活躍中だ。あるとき、私が「両方やるのはたいへんじゃないですか」と伺ったところ、「映画は趣味みたいなものだから」と仰っていた。たけしさんにとって、映画づくりは楽しくて仕方がないらしい。その制作費を確保するために、テレビの仕事も多く引き受けているそうである。一般の人には真似のできないシンプルな原理ながら、これもリーダーになる方法の一つだろう。

あるいは、かの電通には「鬼十則」と呼ばれる有名な行動規範がある。その中の一つは、「周囲を引きずり回せ、引きずるのと引きずられるのとでは、永い間に天地のひらきができる」。強引な言い方だが、これは真理だろう。たしかに、他人の指示どおりに動くのは疲れる。ならば自分が指示を出す側に回ればいいということだ。そのために上を目指すとすれば、とりあえず目の前の仕事への意欲も湧いてくるはずだ。

もちろん、強欲に走ればいいというわけではない。**欲をアクセルとしてキープしつつ、そのブレーキ役としてブッダを意識する、というのが今日的な落としどころではないだろうか。**

ブッダが「欲」とともに戒めているのが、怠惰になることだ。「欲」を捨てるからといって、無気力に過ごせばいいわけではない。よく勉強し、知恵をつけて欲望などを打ち破れと説いているのである。

「自分を賢者だと思う人間は愚者であり、愚者だと思う人間は賢者である」というのがブッダの基本姿勢だ。たしかに前者は現状で満足し、傲慢になりやすい。「まだまだ学ぶべきことがある」と思うから謙虚になり、少しずつ賢者に近づくのである。その意味で、勉強に集中すること自体、かなりブッダ的といえるだろう。

例えばブッダは、「絶対神が存在する」「教えを守らなければ地獄に落ちる」といった考え方を真っ向から否定した。あるいは怯える人があれば、「幻想に気づきなさい」と諭した。真摯に学び続けた結果だ。

実際、学べば無知蒙昧な状態から離れ、理性的な判断ができるようになる。さまざまな偏見に気づき、もっと広い考え方ができるようになる。このあたりは、私たちもおおいに共感できるはずだ。

例えば福澤諭吉の『学問のすすめ』は、有名な「天は人の上に人を造らず人の下に人を造らずといへり。」で始まる。これは福澤のオリジナルな発想ではなく、天賦人権論の基本であり、アメリカ独立宣言の一部を意訳したともいわれている。つまり西洋の思想を学んだことによって、人を生まれで差別するのは偏見であると気づいたのである。

ところが現実には、裕福な人も貧しい人もいる。賢者も愚者もいる。福澤は、その差がひとえに学問の有無によって生まれると説く。だからおおいに学べ、というわけだ。

裕福になれるかどうかはともかく、学問によって視野が広がることは間違いない。より深く広く知ることで、ものごとに対する冷静な判断が可能になる。それはある意味で、思い込みや偏見を是正していくプロセスでもある。だとすれば、これはまさにブッダが目指したところである。

あるいは座学のみならず、経験から学ぶことも多い。例えば仕事で失敗したとき、ただちに修正したり、再発防止のために何らかの対策を立てたとすれば、それも立派な勉強だろう。だとすれば、世の中から学ぶべきことは尽きない。とても自分を賢者だと思う余裕は持てないはずである。

そこで**重要なのは、学び続けるという覚悟を決めることだ。**実学はもちろん、学問にしろ宗教にしろ、中途半端に学んでわかったような気になることはかえって危険である。視野狭窄になりかねないからだ。極論すれば、それがテロや粛清のような悲劇を生んできたともいえるだろう。そういう状態を脱し、ものごとを広い視野で見られるようになることに学問の価値がある。

それに、学ぶこと自体が日々のバイタリティになり得る。ある対象を奥深く研究した人、頂点をきわめた人ほど、「まだまだ学ぶことがある」と口にする。例えばプロ棋士の羽生善治さんも、「将棋盤は一つの宇宙のようなもの」としばしば表現されている。そこには無限の可能性があり、発見していない手がある、だからもっと精進が必要というわけだ。頂点に立ったからこそ、見える景色があるのだろう。こういうものに出会えること自体、たいへん幸福な人生ではないだろうか。

「悟り」よりも「何をすべきか」が大事

ところで、仏教の到達点は「悟り」を開くことにある。これを「ニルヴァーナ（涅槃の境地）」という。目の前で何が起きてもいっさい動じない、といったイメージだろう。

だが現実に、ここまで到達した人は滅多にいない。仏門に入って修行するわけでもなく、ふつうに日常を過ごしているとすれば当然だ。「メンタルが強い人」はいても、「悟り」とは違う。

むしろ私は、**無理に「悟り」を目指す必要はない**と思っている。それよりも、**現実の中で経験を積むほうが重要だ。**仮に悟った人がいたとしても、実社会ではあまり活躍の場を見出せないだろう。

これは、ブッダの教えにも沿っている。例えば、スリランカの上座部仏教（テーラワーダ仏教）の長老、アルボムッレ・スマナサーラの著書『ブッダの集中力』（サンガ新書）には、「何をするときにも基本姿勢を整えましょう」とした上で、その要素を三つ挙げている。一つ目は「無関心をやめて関心を持つ人間になる」、二つ目は「何でも真剣に面白く行う」、そして三つ目は「何かをするときには、やりたいやりたくないではなく、必要かどうかという基準で判断する」だ。

とりわけ興味深いのは三つ目だ。私たちの日常の行動は、ほとんどここに当てはまるだろう。仕事は好むと好まざるとにかかわらず、必要に迫られて行っている。やりたい仕事だけを選べる人は、ごく少数だ。あるいは家事や育児、老いた親の介護なども、やりたいかどうかという問題ではなく、必要ならやるしかない。これが、ブッダ的な行動原理でもあるわけだ。

かのフロイトも、快感原則から現実原則へ移行することが大人への道であると説いている。もともと人間が出発点として持っているのは、心地よいか否かで行動を決める快感原則だ。いわば子どもの発想である。

しかし、それだけでは生きていけない。いつか幻想を捨てて現実を直視し、それに対処するように動かなければならなくなる。それが現実原則であり、大人の厳しさであると説く。

私たちはまず、**自分のすべきことをしているか、自問してみる**必要がありそうだ。それが大人になるということであり、ブッダに近づくことでもあるといえるだろう。

ブッダの教えの基本は「常に理性的であれ」

ブッダ自身の言葉を記録したといわれている原始仏典を繙《ひもと》くと、そこにあるのは意外にシンプルな教えばかりだ。突き詰めれば、「理性的であれ」の一語に尽きる。

理性というといささか西洋的だが、要するに**感情に飲み込まれるな、**ということだ。日常において、私たちはつい感情的になることがある。それを完全に抑え込むことは不可能だ。しかし、野放しにしてはいけない。それよりも、**そんな自分を冷静に見つめる、もう一人の自分を持て**と説く。それが理性なのである。

言い換えるなら、理性とは冷静な観察力と判断力を指す。本来、これらは誰でもある程度は持ち合わせているものだ。ただ感情の部分が大きすぎるために、しばしばその影に隠れてしまうのである。

その典型が、酒に酔った状態だ。翌日になって「どうしてあんなことを言ってしまったんだ」と後悔した経験は、誰にでもあるだろう。つまり翌日の時点では、理性を取り戻しているわけだ。

あるいは部下や子どもを怒りに任せて怒鳴るのは、理性を失った状態だ。その勢いで手が出てしまうこともある。何か注意すべきことがあるのなら、冷静に諭す。これが理性を持った状態であり、誰でもできないことはないはずだ。

つまり、理性の有無は自分自身である程度チェックできるわけだ。酒量を考え、今日はこれくらいで止めておこうと判断できる人は、まだ理性を維持していることになる。あるいは怒り心頭に発する事態に直面したとき、「とりあえず冷静になろう」と自分に言い聞かせることができた場合も同様だ。その時点で、「ブッダ的だった」と自認していいのである。

出家して托鉢し、林の中に座り込んで瞑想することだけがブッダへの道ではない。むしろ、常にトラブルに見舞われるような職場にいたほうが修行になる。うまく行かない人間関係や、理不尽なクレーム、部下のミスの尻拭いや上司の無理解による作業の滞りなどは、さながら現代の〝苦行〟だ。それらに逐一冷静に処理してこそ、ブッダに近づけるのである。

それは当然、「できる人」とも重なるはずだ。だとすれば、日々働く社会人こそブッダへの道が必要といえるだろう。

身近なところにブッダはいる

実際、世の中にブッダ的な人は少なからずいる。試みに、自分の周囲からブッダ的な人を探してみていただきたい。

条件の基本は、まず怒らないこと。注意したり諭したりするのはいいが、感情的になって怒鳴ったり無視したりするようでは、とてもブッダ的とはいえない。逆に「**怒っている姿を見たことがない」という人がいれば、それだけでもブッダの素質がある。**

感情をコントロールすることは、〝悟り〟の第一歩だからだ。

同じ観点でいえば、**常に上機嫌でいること**も条件の一つだろう。ものごとが思いどおりに運ばなかったり、大きな失敗をしたときなど、落ち込むのは当然だ。しかし、それをいつまでも引きずったり愚痴ったりしているようでは、周囲まで暗い気分になってしまう。ある時点で気持ちを切り替え、落ち込みを元に戻す。それができてこそ、ブッダ的といえるのである。

こういう人は、かならずしも社会的にトップにいる人とはかぎらない。逆に感情を晒すことでカリスマ性を発揮している人もいる。それよりも、常に板挟みの立場にある中間管理職や現場の最前線で働く人のほうが鍛えられている可能性がある。

例えば、私はしばしばタクシーを利用するが、運転手さんの中にはあからさまに不機嫌な人もいる。まして近距離だったりすると、文句を言われることもある。何か特別な事情があったのかもしれないが、客商売として正しい態度とは言えない。

反対に、乗った瞬間からにこやかに応対し、世間話にも軽く応じてくれる運転手さんもいる。あまりに饒舌で辟易することもあるが、客に上機嫌を提供するという意味ではおおいにブッダ的だ。いずれにせよ、ほんの五〜一〇分ほど乗っているだけでも、その人の〝ブッダ度〟はわかるものである。

あるいはウェイターやウェイトレスでも、コンビニの店員でも、面倒くさそうに接する人もいれば、どんなに忙しくても笑顔を絶やさない人もいる。後者もやはり、ブッダ的と考えていいだろう。

もちろん社内の同僚や上司の中にも、ブッダ的な人はいるはずだ。**感情のブレが比較的小さく、ものごとに理性的に対処できる人。気分や体調を抜きにして、とりあえず目の前の作業に集中できる人。**そんなイメージだ。そう考えてみると、ブッダは比較的身近な存在であることがわかるだろう。

さらにいえば、先の東日本大震災の直後、被災された方々の冷静な態度は世界を驚嘆させた。あの姿が東北人ひいては日本人の気質を反映しているとすれば、もともと日本人はブッダ的な素養を持っているともいえる。

考えてみれば、日本人の歴史は自然災害との戦いの歴史でもある。怒りに任せて誰かのせいにしたり、悲しみに打ちひしがれたままでは生きていけなかった。常に理性が求められるということを、経験的に身につけてきたともいえるだろう。

その姿勢は、今後も問われることになりそうだ。地震をはじめとする自然災害はまたいつ起きるかわからないし、そもそもわが国はエネルギーをほとんど自給できないというボトルネックを抱えている。常に国際社会と協調し、理性的に判断して対応しなければ、たちまち危機にひんしてしまうわけだ。**ブッダ的であり続けることが、日本人の生き残る唯一の道といっても過言ではない。**

第2章

ビジネスにこそ「慈悲」を

他人の時間をムダにしていないか

ふだん働いていて、疲れを感じない人はいないだろう。ただその疲れは、大きく二種類に分けることができる。

一つは、充実した疲れだ。例えば営業先で意気投合し、すっかり予定時間をオーバーして話し込んだとすれば、疲れとともに喜びや心地よさも残るはずだ。ちょうどスポーツを終えた後のような感覚で、こういう疲れなら大歓迎だろう。

もう一つは、不毛な疲れだ。その典型が、形式的な会議に拘束されることだろう。結局何も決まらないまま、貴重な時間だけ奪われることはよくある。その挙げ句、残業せざるを得なくなったとすれば、虚しさと徒労感以外に何も残らない。

問題にすべきは、もちろん後者だろう。誰もがムダと認識しているはずなのに、諸事情でなかなか改善されないのが常だ。組織の士気にも悪影響を及ぼす。これは個人の責任ではなく、こういう場を設けたリーダーや制度が悪い。

逆に言えば、リーダーさえ〝改心〟すれば簡単に解決する問題でもある。私も大学で事務的な会議を主催することがあるが、まず回数を以前より半減させた。連絡事項ならメールで済ませられるし、目的が曖昧な会議も廃止した。それに時間もできるだけ短縮するため、ストップウォッチまで持ち込んで個々人の発言が長くならないようにしている。

では、それによって組織の運営に支障が出たかといえば、その徴候すらまったくない。短時間で集中して行う会議は、充実した疲れだけを残す。それに、それぞれ自分の仕事をする時間が増えたため、たいへん感謝されている。ムダな拘束から多くの職員の方を解放したという意味で、これはたいへんな〝善行〟だったと自負している。

おそらくブッダが会議を主催したら、同じことをしたに違いない。**「犀《さい》の角のようにただ独り歩め」と説くほどだから、人が人を拘束するような関係はムダだと考えたはずだ。**ストップウォッチまで持ち込むかどうかはともかく、個々人の意思や時間を最大限に尊重しようと努めただろう。

まして昨今は、誰もが忙しい。自分の力量でムダを省き、メンバーの充実した時間を確保できるとすれば、それを行使しないほうがおかしい。およそ組織のリーダーは、こういう配慮のできるブッダ的な存在を目指すべきだろう。

といっても、悟りの境地にまで達する必要はない。情緒が安定していることは必須条件だが、誰でも人格者になれるかといえば、そうでもない。それよりも、とりあえず持つべきは「慈悲」の心である。

「慈悲」とは他人に利をもたらし、苦を取り除くこと

「慈悲」とは、仏教における最重要な言葉の一つである。その意味は、単なる「慈しむ」「悲しむ」ではない。「慈」と「悲」に分解して考えてみよう。

まず「慈」は、サンスクリット語の「マイトリー」を訳したもので、ざっくり言えば**「友に与える」**という意味だ。利益と安楽とを同胞にもたらそうというニュアンスになる。また「悲」は同じく「カルナー」の訳で、**同胞から不利益と苦を取り除こうとすること**を指す。

これは仏教のみならず、仕事上のリーダーも身につけるべき要素だろう。**メンバーに利益と安楽をもたらすとともに、苦を取り除く。**そんなリーダーなら、間違いなく信頼され、かつ尊敬されるはずだ。

もっとも、さほど大げさに考える必要もない。いくら「慈」といってもメンバーを自由に休ませては組織として支障をきたすし、「悲」といっても個々人の家庭の問題まで首を突っ込むべきかは微妙だ。あくまでも職場内で、より仕事をしやすい環境になるよう配慮する、と捉えればいい。まずは「自分は何を与えられるか」「自分は何を取り除けるか」と自問してみてはいかがだろう。

先の会議の例などは、その典型だ。誰もが「面倒だ」「ムダだ」と思う慣習や制度があるなら、さっさと取り除いたり改善したりすればいい。あるいは新しいルールやシステムを導入することで、お互いの仕事を効率化できるかもしれない。重要なのは気づくことと行動に移すことであり、その根底にはメンバーへの気配りや愛情が求められよう。それらをひっくるめて「慈悲」なのである。

例えば先日、私はあるテレビ番組から出演のオファーを受けた。三〇分枠の番組で、出演するのはせいぜい二〇分程度。にもかかわらず、その収録にはロケも含めて合計一四時間もかかるという。

常識的に考えて、これでは効率が悪すぎる。そこで私は担当ディレクター氏に段取りを相談し、一二時間に短縮することで合意。さらに交渉を重ね、私も素人ながら効率化のアイデアを出し、最終的には六時間程度で収録を終えた。当初予定の半分以下で収まったわけで、番組づくりとしては画期的なことらしい。

ではなぜ、私はそこまで時間にこだわったのか。一つにはもちろん、非効率を極端に嫌う私の性格に起因する。だが、それだけではない。番組づくりには局内外の大勢のスタッフが関わっている。収録が長時間に及ぶと、それだけ彼ら全員の拘束時間も長くなる。できるだけ早く終えることで、彼らを解放してあげたいと思ったのである。

ついでに言えば、私は意見を言いやすい立場にあった。ふつう番組のスタッフは、たとえ正論であってもディレクターに意見しにくい。「面倒くさいヤツ」「生意気なヤツ」と思われて、次回から呼ばれなくなるおそれがあるからだ。これはタレントのような出演者でも同様である。

その点、私はテレビの世界では部外者であり、仮に呼ばれなくなったとしても困らない。それにディレクター氏もたいへん柔軟な方で、一介の出演者である私の話にも耳を傾けてくれた。ここまで条件が揃えば、むしろ黙っているほうが無慈悲だろう。この瞬間、私は多くのスタッフに時間という利益を提供することができたのである。

慈悲は人のためならず

以上は、私の自慢話ではない。誰でも「慈悲」の心は持てるし、したがってブッダに近づけるということだ。

例えば、パタゴニアというアウトドア用品メーカーがある。本社はカリフォルニアだが、日本をはじめ世界中に支社・支店を持つ。同社がユニークなのは、創業社長イヴォン・シュイナードの著書『社員をサーフィンに行かせよう』（東洋経済新報社）からもわかるだろう。文字どおり、サーフィンをすることが社内のルールになっているのである。

それも、休日に出かけるというレベルではない。平日でも、会社近くの海にいい波が来たら、ただちに仕事を切り上げて飛び込むという。にわかには信じがたいが、これは「人生全体を楽しむ気持ちがなければ、仕事はうまく行かない」という哲学に則っているらしい。**全員に利益と安楽をもたらすという意味では、これも慈悲に満ちた制度**だろう。

ただ、これには社員を鍛える面もある。サーフィンに行っても、仕事自体がなくなるわけではない。遊ぶ時間を確保するには、仕事を早めに終わらせることが不可欠だ。それによって責任感が養われるという。それに、仕事中に誰かが抜ければ、その穴を他のメンバーがカバーする場面もある。これをお互いに繰り返すことで、組織に協調性が生まれるそうである。

つまり、**どんどん遊びに行くことにより、責任感と協調性という仕事上でもっとも大切なものが研ぎ澄まされていく**わけだ。いわゆる「ワークライフバランス」の理想型で、たしかにダラダラと残業するより、生産性もずっと高いだろう。余計なストレスを取り去り、仕事のスキルを与えるという意味でも、慈悲深いといえるかもしれない。

あるいは先日、サイボウズの青野慶久社長と対談させていただいた際も、やはり「ワークライフバランス」が話題になった。同社のようなIT関係の会社は、離職率が比較的高いという。理由は単純で、あまりにも多忙だからだ。特に女性の場合、出産・育児を機に辞めてしまうことが多いらしい。

そこで同社では、育休を取りやすい制度を創設。さらに青野さん自身が率先して育休を取り、話題を呼んだ。社員に対し、「家庭で子どもを育てることも大事」「休暇後に復帰してもハンデにならない」というメッセージを送ったわけだ。これにより、女性の離職者は激減したそうである。

離職率は、会社の盛衰を占う目安になる。社員がどんどん辞めるような会社の将来は、さすがに危ういだろう。諸事情があるにせよ、人を使い捨てにしている感は否めない。一方、社員が長く働く会社は、相応に魅力があると考えて間違いない。もともと大企業で安定しているとか、給料が高いといった理由もあるだろうが、基本は社員のことをどれだけ考えているかにかかっている。つまりは〝慈悲度〟が問われるわけだ。

働きやすい環境を提供し、社員のプライベートまで充実させれば、安心して子育てや消費ができるようになる。それが社会全体にもたらすメリットは計り知れない。そしてもちろん、会社の評判や業績も上がるだろう。「慈悲は人のためならず」と覚えておいたほうがいいかもしれない。

リーダーが持つべき、二つの慈悲

経営者やリーダーが組織に対して施すべき慈悲とは、突き詰めれば二つだろう。一つは、**安易に人を切らないこと**だ。働きざかりの人が職を失うと、その家族も含めて辛い思いをする。あるいは「いつクビになるかわからない」という環境にいると、将来設計も立てにくくなる。

もちろん、「クビ」を宣告する側も辛い。経営環境の悪化など、止むに止まれぬ事情もある。それをどこまで避けて通れるかが、リーダーとしての腕の見せどころだろう。その根底には、部下や社員を大切に思う気持ち、つまりは慈悲の心が不可欠だ。

例えば日本電産の永守重信社長といえば、倒産しかかった企業を次々と買収し、人員削減をいっさいせずに立て直したことで有名だ。その代わり社員にはたいへん厳しいし、本人も「元日の午前中を除き、三六五日働く」と豪語されている。「休みたければ辞めればいい」と発言して物議を醸したこともある。

しかし、結果として会社は成長を続け、雇用は維持されている。それは単にクビを切らなかっただけではなく、社員個々人に永守イズムを浸透させたためだろう。これはたいへん大きな〝施し〟である。そもそも「人員削減をしない」という方針を内外にアピールしていること自体、今日では稀有な存在だ。

そしてもう一つの慈悲とは、前述のとおり**時間をムダにさせないこと**だ。「時は金なり」というように、時間は個々人が持つ貴重な財産だ。取り返しがつかないという意味では、お金より価値が高いかもしれない。ところが、人の財布からお金を奪えば犯罪なのに、人の時間を奪うことに無頓着な人は少なくない。自分ばかり一方的に話し続けるとか、待ち合わせに大幅に遅刻する、といった類である。これは、誰もがおおいに反省すべき点だろう。

まして経営者やリーダーがこういう態度では、余計にタチが悪い。部下やメンバーは文句を言いにくいからだ。中には当たり前のように残業を強いて、なおかつ残業代も出さないような〝ブラック〟な会社・組織もある。およそ慈悲とは対極的な姿だ。

リーダーなら、まずはいかに全員の残業を減らすかという観点を持つ必要があろう。昨今は、強制的に定時退社させる曜日を設けている会社もある。あるいは勤務時間にムダがないか、見直してみるのも一つの方法だ。本人の仕事は終わっているのに、上司が残業しているから帰れない、という声はよく聞く。こういう不合理・非効率を改めるのは、まさにリーダーの役割だ。

ただし、杓子定規な効率化には注意が必要だ。何らかの方法で作業のスピードアップを実現できたとしても、空いた時間にまた別の作業を課してスピードアップを図るとすれば、際限なく仕事が凝縮されることになる。たしかに効率的にはなるが、疲れる人も出てくるだろう。

例えば子どもの勉強でも、集中して一気にやるのが得意な子もいれば、だらだらと、その代わり長時間取り組める子もいる。これは短距離走と長距離走の選手の違いのようなもので、優劣の問題ではない。無理やりどちらかに統一すると、能力を発揮できない者が出てくるわけだ。

つまりリーダーとしては、個々人に合ったワークスタイルを見つけていく必要がある。そう考えるとたいへんな役割だが、その助けとなるのが日々のコミュニケーションと慈悲の心だろう。

同僚に「慈悲喜捨」の精神を持つ

リーダーのみならず、組織のメンバーもそれぞれ慈悲が必要だ。例えば誰もが忙しく働いているとき、「定時なので帰ります」と自分の仕事を放り出して退社したら、同僚はどう思うだろうか。いくら「ワークライフバランスが大事」といっても、「単に自己中心的なヤツ」という印象しか持たないはずだ。

同僚と机を並べて働くことは、互いの利益を増やすということでもある。大量の仕事を抱えて困っている人がいれば、協力して少しでも早く帰れるようにする。それ自体がモチベーションになるし、それによって作業が効率化すれば、自分の利益にもなる。こういうことが日常的に行われているチームほど強いはずだ。

「慈悲」とともに仏教の基本的な考え方を示す言葉に、「喜捨」がある。「喜」とは他者の喜びも自分の喜びとできること、「捨」とは執着や偏見を捨て、何ら見返りを求めないことを指す。「慈」「悲」「喜」「捨」の四つの文字を合わせて「四無量心」という。「無量」とは文字どおり、際限なく持てるということだ。

仏教は本来、世の中のすべてに対してこういう心を持てと説いている。さすがにそこまでは無理としても、せめて**職場で机を並べている同僚に対して「慈悲喜捨」の精神で接することはできるだろう。**それは、自身にとっての職場環境の向上にもつながるはずだ。

あるいはチームで働いていると、個々の役割分担は不可欠だ。それだけ実力を認められているということだが、中には面倒な雑務が回ってくることもある。自分が拒めば誰かがやらざるを得なくなると考えるなら、割り切って引き受けるのがチームに対する慈悲だろう。

私の場合も、大学で以前から教育実習のトラブル処理係を引き受けている。正直なところ、人気のあるポストとはいえない。一般企業の若手社員なら、キャリアを積むためにこういう仕事にチャレンジすることもあるだろう。だが大学教員となると、ここでがんばっても、さしたる業績にはならない。

しかし私は、むしろ好んでこの役割を選んだ。理由の一つは「誰もやりたがらないのなら自分がやろう」という使命感、もう一つは「トラブルからいろいろ学べるのではないか」という期待感だ。

期待どおりというべきか、この係には実に多様なトラブルが持ち込まれる。実習生の言動に唖然としたことも、実習先の学校に頭を下げに行ったこともある。想定外のクレームも茶飯事だ。かなりストレスのかかる仕事であることは間違いない。

おかげで一年も務めると、経験値は急速に高まった。どんなトラブルが襲ってきても、たいていどう対処すべきか即座に判断できる。その分だけストレスも軽減されたし、処理を終えた後には充実感もある。今では、他の先生方から「そろそろ代わりましょうか」と打診されても、「まだ大丈夫です」と丁重にお断りするほどだ。

すべての仕事が結果オーライとはかぎらないが、**面倒な役割から逃げ回ってばかりいては、慈悲の心も経験値も高まらないだろう。**少なくとも「これも勉強だ」と思えば、ムダにはならないはずだ。

「義理」よりも「淡交」を重視する

日常業務の中には、さして重要ではない〝義理仕事〟というものが少なからずある。調べもののような雑用を頼まれたり、人と人とを仲介したり、イベントやパーティに出席したり、という類だ。

人間関係を大事にするという意味では、これらをそう簡単に断ることはできないだろう。律儀に対応しておくことで、将来的に何か役に立つ可能性もある。

とはいうものの、たいてい時間を取られるばかりで、稔りもほとんど期待できない。実は相手も義理でオファーしているだけで、応じてもさほど感謝されないかもしれない。だとすれば、慈悲とも無縁だろう。こういう仕事ばかり増えては、生産性が下がる一方である。必要性を見きわめた上で、ある程度は断る勇気も持ったほうがいい。

ではその分、人間関係をいかに維持するか。ここで参考になるのが、福澤諭吉の説いた「人間交際《じんかんこうさい》」だ。これは「society」を福澤流に訳したもので、「社会」ではなく「人と人とのサロン的な集まり」というニュアンスだ。わざわざ「つきあい」とふりがなを振ることもある。

この言葉の意味するところは、表面的に上手につき合い、深い関係に入らないということだ。茶道でよく使う「淡交（淡い交わり）」に近い。もともと福澤は、『福翁自伝』で「莫逆の友（親友）はいない」とも述べている。それよりも広く新しい友を見つけよ、というわけだ。

これは、前出の「犀の角のようにただ独り歩め」というブッダの教えとも合致する。「結局は一人」と覚悟を決めれば、とにかく人との関係を保つために汲々とする必要もなくなる。**無理をせずにつき合い、縁が切れたらそれまで、と割り切ればいい。**これなら自分の時間を割かれることもないし、人間関係で必要以上に思い煩うこともない。

今日的に言えば、ごくたまにメールのやりとりをするだけで、ビジネス上の人間関係はほぼ保てる。手間もかからないし、自分のタイミングで送ることもできる。その意味で、メールは絶好の〝淡交ツール〟といえるだろう。

「自分を整える」ことが、他人と接する基本

以上の話から考えれば、「慈悲」は人間関係の基本に据えるべきものであることがわかるだろう。実際、原始仏典を繙くと、心のあり方と人間関係のあり方がしばしばセットで語られている。**ブッダ自身が、隠遁生活ではなく、あるいは神輿の上に乗るでもなく、多くの人とふつうに関わって生きていたからだ。**その言葉の中には、今日のビジネス書のようなメッセージも含まれている。

例えば『ブッダの真理のことば　感興のことば』には以下のような記述がある。

〈あらあらしく事がらを処理するからとて、公正な人ではない。賢明であって、

義と不義との両者を見きわめる人、〉

〈粗暴になることなく、きまりにしたがって、公正なしかたで他人を導く人は、正義を守る人であり、道を実践する人であり、聡明な人であるといわれる。〉

きわめて平易な言葉で、具体的なアドバイスを送っていることがわかる。現代人にもそのまま通用しそうである。

あるいは、怠惰を戒めるような厳しい言葉もある。

〈頭髪が白くなったからとて〈長老〉なのではない。ただ年をとっただけならば「空しく老いぼれた人」と言われる。〉

〈誠あり、徳あり、慈しみがあって、傷《そこな》わず、つつしみあり、みずからととのえ、汚れを除き、気をつけている人こそ「長者」と呼ばれる。〉

その一方で、同じく「真理のことば」の「第一五章　楽しみ」には、人生を謳歌するようなメッセージも綴られている。

〈怨みをいだいている人々のあいだにあって怨むこと無く、われらは大いに楽しく生きよう。怨みをもっている人々のあいだにあって怨むこと無く、われらは暮していこう。〉

〈悩める人々のあいだにあって、悩み無く、大いに楽しく生きよう。悩める人々のあいだにあって、悩み無く暮そう。〉

〈貪っている人々のあいだにあって、患い無く、大いに楽しく生きよう。貪っている人々のあいだにあって、貪らないで暮そう。〉

いずれにも共通するのは、「**自分を整えよ**」ということだ。それは、他者に対する態度とも直結している。例えば「他人の過失を見るなかれ。他人のしたこととしなかったことを見るな。ただ自分のしたこととしなかったことだけを見よ。」といったメッセージもある。他者と関わるなと説いているわけではない。**一緒に暮らしていく中**

で、批判したり一喜一憂したりするな、常に和やかに過ごせ、というわけだ。まさに現代のあらゆる社会人に不可欠な教えではないだろうか。

言い換えるなら、「自分が救世主になって大衆を救え」というほど大上段に構えた教えではないということだ。あくまでも「自分で自分を救え」がメインである。これは原始仏教の大きな特徴だ。だとすれば、誰でもやってできないことはないはずである。

「好ましい言葉」だけを使う

ブッダが特にこだわったものの一つが、人との会話のあり方だ。同書では、例えば以下のように述べている。

〈いつわりを語る人は地獄に堕ちる。〉

〈人は生れたときには、実に口の中に斧が生じている。ひとは悪口を語って、そ

の斧によって自分自身を斬るのである。〉

なかなかユニークな表現だろう。私たちはつい、誰かの悪口を言いたくなるときがある。だがそれは、百害あって一利なし。かえって自分の立場を悪くするだけだ。あるいは、以下のようにも述べている。

〈口をつつしみ、ゆっくりと語り、心が浮わつかないで、事がらと真理とを説く修行僧――かれの説くところはやさしく甘美である。〉

〈好ましいことばのみを語れ。そのことばは人々に歓び迎えられる。つねに好ましいことばのみを語っているならば、それによって(ひとの)悪(意)を身に受けることがない。〉

これはネット社会に生きる私たちにとって、肝に銘じるべき言葉だろう。いわゆるSNSの世界では、しばしば悪意に満ちた言葉が飛び交っている。自分は傷つきたくないのに、人のことは平気で傷つける。「バカ」「うざい」は茶飯事で、「死ね」「消えろ」さえ使われることがある。こういう言葉は、類は友を呼ぶように増幅され、やがて〝炎上〟という事態を招いたりする。あるいは言葉が本人の心に突き刺さり、リアルに何らかの事件・事故に至ることもあり得ない話ではない。

とりわけターゲットになりやすいのが、芸能人のブログやツイッターだ。些細な言動を取り上げられ、不特定多数から罵詈雑言を浴びせられたりする。先日もその被害に遭ったあるお笑い芸人さんに話を伺ったところ、「かなりへこむ」らしい。書いている側は面白半分かもしれないが、得られるものは何もない。少なくとも、人から好かれることはないだろう。

そういう言葉でお互いを傷つけ合うことが安易にできる時代だからこそ、ブッダの教えが輝きを放つ。誰が相手であれ、たしかに「好ましい言葉」だけを語っていれば、悪意を持たれることはないはずだ。

余談ながら、昨今のテレビ番組も「好ましい言葉」のみを選んで使う傾向がある。少しでも誰かの気に障る言葉を使うと、たちまち非難や苦情が殺到するからだ。しかし、それだけでは番組として面白みに欠ける。だから、例えば有吉弘行さんのような、上手に毒を吐けるタレントが引っ張りだこになっているのである。

言葉の暴力には、報復が待っている

もちろんネット空間にかぎらず、面と向かって話す際にもネガティブな言葉は厳禁だろう。ブッダは、言葉が暴力になり得ると認識していたらしい。同書では、以下のようにも述べている。

〈荒々しいことばを言うな。言われた人は汝に言い返すであろう。怒りに含んだことばは苦痛である。報復が汝の身に至るであろう。〉

私自身、こう言われると反省せずにはいられない。特に若いころは本音をはっきり言う傾向があったので、苦痛に感じた人もいるかもしれない。あるいは学生に対しても、怒鳴るようなことはなかったが、ある時期まではかなりキツいことを平気で言っていた。ひと昔前までの学生は精神的にタフだったから、少し挑発的なことを言ったほうが発奮してくれたのである。

だが五年ほど前から、この方針を改めた。それどころか、ダメ出しにも気を遣うようになった。学生が繊細で傷つきやすくなったからだ。それまでなら「書き直し！」の一言で済ませていたところを、「これもいいけど、もうちょっとこうしてみるといいよ」と丁寧に諭すようになったのである。我ながら、別人に生まれ変わったような感覚だ。

ただこれは、学生の気質の変化ばかりが原因ではない。最近は、大学が教職員向けにパワハラ、アカハラ、セクハラの講習を行っている。それによると、たとえ本人にまったく意図や自覚がなくても、受けた側が「ハラスメント」と感じればそう認定されてしまうらしい。しかもネット上に書き込まれれば、たちまち悪評だけが拡散することになる。だから教える側としては、言葉に神経質にならざるを得ないのである。

これを異常と思うのは、私だけではないだろう。しかし、抗ってみても仕方がない。

だからこそ、ブッダを見習う必要がある。おそらく**ブッダが現代に生きていれば、対人関係で揉めごとを起こすことはまずないだろう。**適度な距離を保ち、常に穏やかな表情で、丁寧に語りかけてくれるに違いない。

第3章

逆境に負けない心をつくる

ネガティブな感情に立ち向かうために

「苦しいときの神頼み」という言葉がある。たしかにふだんは宗教など意識していなくても、何らかの事情で逆境に立たされれば、神でも仏でも猫の手でも借りたくなるものだ。

ではそういうニーズに、ブッダはどのように応えてくれるのか。それを本章で探ってみよう。ピンチの種類は千差万別だが、いずれにしてもカギになるのが、心の平静をいかに保つかということだ。感情が先に立ってしまえば、状況はますます悪化しかねない。しかし平静でさえあれば、打開策を見出せるかもしれない。そうわかっていてもなかなか実践できないのが人間だが、そこで効くのがブッダの教えである。「心の平静」とは、ブッダの生涯のテーマでもあったからだ。

以下に、とりわけ私たちが日常的に抱きがちな「嫉妬心」「落ち込み」「怒り」というネガティブな三つの感情について、ブッダの考え方に基づいて整理してみよう。

「嫉妬心」と上手につき合う

福澤諭吉の『学問のすすめ』の中に、以下のような一節がある。

〈およそ人間に不徳の箇条多しといえども、その交際に害あるものは怨望より大なるはなし。〉

「怨望」とは最近あまり聞かない言葉だが、同書には「譬《たと》えば他人の幸と我の不幸とを比較して、我に不足するところあれば、我有様を進めて満足するの法を求めずして、却って他人を不幸に陥れ、他人の有様を下して、もって彼我の平均をなさんと欲するが如し。」とある。要するに他人の幸せを羨み、それを引きずり降ろそうとする気持ちだ。「激しい嫉妬」と言い換えることができるだろう。

あるいはシェイクスピアの戯曲「オセロ」では、嫉妬は「緑色の目をした怪物

(green-eyed monster)」と表現されている。それは「人の心をなぶりものにして、餌食にする」という。

嫉妬がみっともない感情であることは、誰でも理解している。しかも、本人が一番苦しい。それでも嫉妬に狂ってしまうのが人間である。男女関係でそうなることもあるし、出世や社会的地位、仕事の成否が原因になることもある。要は他人が持っているものを自分が持っていないと、ついメラメラと炎上してしまうのである。

しかもこの感情は、うつ病を併発しかねないらしい。以前、NHKスペシャル『病の起源』でうつ病を取り上げていたとき、うつ病の存在しないあるアフリカの部族を紹介していた。

彼らは狩猟民族であり、食料はたまにしか入手できない。その意味では気持ちが暗くなってもおかしくないはずだが、そうはならない。要因として考えられるのが、苦労して得た食料を全員で分け合う習慣だという。この事実から、完全に平等な社会ではうつ病が発症しにくい、という仮説が提示されているらしい。これが正しいとすれば、不平等な社会ほどうつ病を生みやすいことになる。

あるいは、嫉妬が暴力を生むこともよくある。以前、TBSのバラエティ番組『100秒博士アカデミー』に出演したときのこと。ゲストとして、パプアニューギニアの少数民族について長く研究されている東海大学の川崎一平先生が登場された。先生によれば、現地で彼らに毒殺されかかったことがあるという。理由は塩。現地への土産として持参したが、数が足りなくて全員に配ることができなかった。そのため、配られなかった人から恨まれたそうである。

たったひと握りの塩でさえ、自分が劣位に置かれたと感じれば激しい怒りを生む。しかも、それによって相手のみならず自分をも滅ぼしかねない。これは誰でも起こり得る話だろう。まさに、嫉妬は〝モンスター〟である。

しかも昨今は、いわゆる「格差社会」の進行で嫉妬を生みやすい環境にある。例えば国際NGOのオックスファムが二〇一四年一月に公表した報告書によると、世界の上位八五人の超富裕層の資産総額は、下層三五億人（世界人口の半数）の資産総額に匹敵するという。また世界人口のわずか一％の富裕層が、世界の富の半分を独占しているとも述べている。いかに世界人口の豊かさが偏っているか、端的にわかるだろう。

ここで問題なのは、収入の多寡だけではない。いわゆるタックス・ヘイブンの利用などにより、社会が本来持つべき富の再分配のシステムが機能していないことがもっと大きな問題だ。それによって生まれた格差が、社会不安の一因になっていることは言うまでもない。

格差は今に始まった話ではない。いわば富が富を生む資本主義の宿命だ。その状況を打破し、完全に平等な社会をつくろうと試みたのが共産主義である。ところがその結果、生産性が停滞するとともに官僚制が進行し、政権が腐敗した。平等どころか一握りの権力者や官僚が富を独占するようになったのである。結局、人間はどこまでも欲の塊であるということを、共産主義国家の建設と失敗のプロセスは図らずも如実に物語っているといえるだろう。

嫉妬心を助長しているのが、メディアだ。特に一部の新聞や週刊誌は、ある人をスターとして持ち上げた後、些細なスキャンダルを見つけては一気に引きずり落とし、溜飲を下げるようなところがある。

記事を見て、嫉妬や羨望の感情は増幅され、かえって自分自身を苦しめることになる。好むと好まざるとに関わらず、私たちはそういうネガティブな感情を醸成しやすい時代を生きているのである。

自分の過失から目を逸らさない

そこで役立つのが、仏教の教えだ。その基本にあるのは「喜捨」、つまり執着を捨てるということである。

羨望の的といえば、まずモノやお金を持っていることだ。豪邸や高級外車を見るだけでイラッとするような感情は、すでに持っている人は別として、誰にでもあるだろう。仏教は、そういう**感情も現実に手元にあるものも、「すべて捨てよ」という強いメッセージを打ち出している**のである。

その典型例が、当のブッダの生きざまだ。もともと王家に生まれ、何不自由ない生活を送り、一六歳で結婚、二九歳で第一子を得た。ところがブッダはその直後、地位も家族も捨てて出家するのである。自ら「喜捨」を実践したわけだ。

その徹底ぶりは、例えば以下の言葉からも窺えるだろう。

〈「わたしには子がある。わたしには財がある」と思って愚かな者は悩む。しかしすでに自己が自分のものではない。ましてどうして子が自分のものであろうか。どうして財が自分のものであろうか。〉

(『ブッダの真理のことば 感興のことば』)

とはいえ、私たちはここまで「すべてを捨てる」ことはできない。ならば、以下の言葉を参考にしてみてはいかがだろう。

〈他人の過失は見やすいけれども、自己の過失は見がたい。ひとは他人の過失を籾殻のように吹き散らす。しかし自分の過失は、隠してしまう。――狡猾な賭博師が不利な骰《さい》の目をかくしてしまうように。〉

(同書)

例えば、メジャーリーグで活躍する田中将大選手やダルビッシュ有選手の莫大な年俸を羨ましく思ったとしよう。中にはやっかみ半分で、「もらいすぎだ」と考える人もいるかもしれない。

そういうときは、「彼らと同じことが自分にできるか」と自問してみればいい。メジャーリーグのマウンドに立つことすらできないはずだ。当たり前の話だが、彼らが人の数百倍もの報酬を得ているのは、単なる幸運ではない。それを認めれば、そもそも彼らが自分と同じ次元で語れる相手ではないことに気づけるだろう。

プロスポーツ選手にかぎった話ではない。経済界であれ文化・芸術分野であれ、高い報酬を得ている人には、かならず相応の理由がある。そのポジションに自分が立てるかと考えれば、ずいぶん落ち着けるはずだ。

「比べない」という習慣を持つ

相手が誰であれ、そもそも人と自分を比べること自体が虚しい。世界的に見れば、日本人はかなり金持ちの部類に入る。贅沢を言い出せばキリがないが、多くの人はとりあえず衣食住で不自由していない。それだけでも幸福を実感していいはずだ。

ところが、それを阻害しているのが「比較」である。自分がそこそこ立派な家に住んでいても、隣にもっと立派な家が建つと内心穏やかではいられなくなる。すべてにおいてこういう比較をものさしにすると、日々はストレスだらけになるだろう。

ならばいっそ、**「比べない」ということを人生の原則として立てたほうが、ずっと楽になる。**ストレスは大きく減るはずだ。

それには、いくつかの練習方法がある。一つは、周囲を見ないようにすることだ。人気ラーメン店の中には、一席ずつ板で仕切って前も左右も見えないようにしているところがある。とにかく目の前のラーメンに集中してほしいということだろうが、感覚としてはこれに近い。

とりわけ注意すべきは、ネットだろう。時間潰しについいろいろなサイトやSNSを見て、他人の〝リア充〟ぶりに触れ、つい「自分はモテない」などと自分を卑下したくなったりする。だが、よく指摘されるとおり、それは断片情報に過ぎないし、場合によっては大胆な脚色が施されていることもある。それを真に受けて一喜一憂するのはバカバカしい。遮断までは行かなくても、話半分ぐらいに受け流しておけば、羨ましいという気持ちさえ起こらないだろう。

同時に、**違う価値観を持つ**ことも欠かせない。例えば数学者は、数学の世界で競争はしていても、その基準は収入ではない。仮にメディアに登場したり、一般向けの著書が売れたとしても、それは数学者としての価値の高さを示しているわけではない。それよりも、数学そのものの研究に邁進したいと思っているはずだ。

芸術家と呼ばれる人も、実業界や芸能界の誰がどれだけ稼いでいるかなど、あまり関心を持たないだろう。自らの「真・善・美」を突き詰めること自体が至上の喜びであり、そこに他者との比較は存在しないのである。

ある分野の専門家ほど、独自の価値観を持ちやすいことは間違いない。しかし専門家ならずとも、こういう境地に達することはできる。例えば「○○の本を読んでいると時間を忘れる」とか「○○の音楽に浸っているだけで幸せ」とか、もっと動的に「とにかく走っているとハイになれる」「無心に料理をつくるのが楽しい」といった類でもいい。いずれも他人と競うものではなく、自分にとっての心地よさを追求しているにすぎない。こういうものを意図的に増やせば、他人と比較する暇などそもそもなくなってくるだろう。いわば精神の避難所になるわけだ。

あるいは、いっそ**「人を見たら褒める」と決めてしまう**手もある。何かで成功した人がいたら、とにかく「すごい」と賛辞を送る。そう思っていなくても、「偶然だろう」とか「自分だってやろうと思えば……」などと思っていたとしても、条件反射のように褒めるのである。

これは相手の気分を良くするとともに、自分自身に言い聞かせる意味もある。そもそも対抗心があるから、嫉妬の感情も沸き起こる。その前に、素直に相手の実力を認め、自分とは土俵が違うと認識すること。その時点で、「比較」から解放されるわけだ。それが「褒める」の意味である。

妬く前に「なすべきことをなせ」

ただやっかいなのは、嫉妬や羨望の対象が身近に存在しているときだ。職場の同僚だったり、同じ仕事をしている人だったりすると、日常的に目に入る。「比較しない」というわけにも行かないだろう。

しかも、職場内の人間関係には多かれ少なかれ理不尽さがある。評判の良くない人ほど出世したり、上司が部下の手柄を取り上げたり等々は茶飯事だ。それによって給料に差をつけられたり、別の部署へ異動させられたりすることもある。まさに目の前に現実を突き付けられるわけで、腹の立つことも多いはずだ。

しかし、ここで自暴自棄になっても一文の得にもならないことは、誰もが承知しているだろう。基本的には、自分の職務を全うするしかない。あとは、いかに自分を納得させるような考え方をするか、波打つ感情を理性で抑え込むか、という問題だ。

その一助になりそうな言葉を、ブッダは残している。

〈なすべきことを、なおざりにし、なすべからざるをなす、遊びたわむれ放逸なる者どもには、汚《けが》れが増す。〉

〈常に身体（の本性）を思いつづけて、為すべからざることを為さず、為すべきことを常に為して、心がけて、みずから気をつけている人々には、もろもろの汚れがなくなる。〉

（『ブッダの真理のことば　感興のことば』）

現代においても、これは気休めや〝きれいごと〟ではなく、文字どおり真理だろう。仮に「仕事のできない人」「人望のない人」が何らかの理由で出世し、重責を担うことになったとしても、たいていうまく行かない。反対に、きちんと結果を出したり、最終的にトップとして選ばれるのは、やはり真摯に仕事に取り組んできた人、実力のある人である。そうでなければ、組織は維持できない。

つまり組織には、ある種の自浄作用があるということだ。人事のミスによって一時的にブレが生じたとしても、最終的には最適な人材を配置するのではないだろうか。そう考えれば、理不尽な人事に惑わされること自体がムダに思えてくるはずだ。

遠回りはかならずしも損ではない

それに、昇進することが本人にとって幸福とはかぎらない。例えば教員の場合、教頭や校長になればたしかに給料は増えるが、当然ながら責任は重くなるし、何より授業から離れることになる。生徒に教えることが好きな教員にとって、これは辛い異動だ。だから昇進を拒否し、ずっと教壇に立ち続ける教員もいる。社会的な地位や収入がどうであれ、本人が幸福を感じられるなら、それに越したことはない。

一般企業でも、管理職になるより現場で働き続けたい、という人は少なくないはずだ。特に昨今の若い人は、出世に興味を持たない傾向がある。単に責任を負いたくないだけだとすれば問題だが、ずっと最前線で働きたいとか、一つの仕事をきわめてみたいという意欲があるとすれば、それは幸せな話である。仕事に対して独自の価値観を持ち、なおかつ誇りを持っているということだからだ。

当然ながら、こういう人は同僚が出世しても興味を持たない。多少理不尽な人事が行われても、自分の仕事に支障がないかぎりは平静でいられる。こんな境地に達すれば、さぞかしストレスから解放されるに違いない。逆にいえば、**のめり込めるような仕事に出会うこと、もしくはとりあえず目の前の仕事にのめり込んでみること**が、心に余計な波風を立てない最善策になるはずだ。

実際、愚直に何かに取り組むほうが、自分自身の成長につながることもある。ブッダも以下のように述べている。

〈「その報いはわたしには来ないであろう」とおもって、善を軽んずるな。水が一滴ずつ滴りおちるならば、水瓶でもみたされる。気をつけている人は、水を少しずつでも集めるように善を積むならば、やがて福徳にみたされる。〉

(『ブッダの真理のことば　感興のことば』)

例えば昨今の大学には、一般入試ではなく、いわゆるAO入試や付属高校を経て入ってきた学生が少なからずいる。そうすると、「理不尽」というほどではないが、前者の中には後者に不公平感を抱く者もいる。「自分は一生懸命勉強して入ったのに、彼らは楽をして同じ立場にいる」というわけだ。浪人生活や予備校に通った経験があれば、なおさらである。

そんな話を聞いたとき、当人に「では受験勉強はムダだったと思う？」と尋ねると、たいてい「決してムダではない」という答えが返ってくる。必死に勉強したという記憶と、それが報われたという経験が自分に自信を持たせてくれるらしい。

だから、彼らに「仮に一般入試を受けなかった自分がいたとして、一般入試を受けた自分とどちらが好き？」と尋ねると、「一般入試の自分」との答えが圧倒的に多い。そこで私は、「だったら今のままでいいじゃないか。他人と比較する話ではないよね」と諭すのが常である。

世の中を見渡せば、この程度の不公平感を抱く要素は無数にあるだろう。それをいちいちあげつらっていては、身がもたない。**自分だけ不利な立場に置かれたとしても、それが自分にとってプラスかマイナスかと考えれば、意外とプラスであることが少なくない。**知見を広めることができたり、経験値が上がったり、人脈が増えたりするからだ。そう考えて自分を納得させるのが、とりあえず妥当な解決策ではないだろうか。

嫉妬心をエネルギーにする手もある

ただし、そうは言っても人に負ければ悔しい。周囲に競争相手がいれば、つい比較もしたくなる。そんな感情を押し殺すのはなかなか難しいだろう。ならば、それをエネルギーに変えることを考えたほうがいいかもしれない。

かくいう私自身、三〇歳頃まで大学院に在籍していたが、その間は研究生なのにずっと学生として扱われた覚えがある。それほどの業績もないのに大学の教員になっていく人たちを見てうらやましくも思った。どれほど論文を書いても評価されず、就職もできず、自分と周囲との認識のギャップに苦しめられた。その焦燥感やイライラ感が、ある種の化石燃料となって蓄積されたように思える。

だからその後、著書の出版の機会を得ると、その化石燃料を一気に燃焼させることができた。私の中では、それが今でも燃え盛っているような感覚がある。

もっと積極的に嫉妬心をエネルギーに変えたのが、手塚治虫だ。晩年に至ってもなお、若い描き手による新しい作品の登場をおおいに悔しがり、対抗意識を燃やしていたといわれている。より優れた漫画を描きたいという、凄まじい執念のなせる業だろう。

こういう回路は、あまりブッダ的とはいえない。しかし、嫉妬がエネルギーの源泉であるとすれば、それを否定する必要もない。重要なのは、それを自分で認識していることだ。単に嫉妬に狂い、相手を蹴落とすために見境なく手段を講じるとすれば、それは自分を見失っていることになる。しかし自分を鼓舞するために、その燃料として嫉妬心を利用するなら、むしろ自分をよくコントロールできているともいえるだろう。

もちろん、あらゆる比較をせず、周囲がどうであろうと自分の価値観を維持できれば、それに越したことはない。通常は、できるだけその方向で自分を維持したほうがいい。しかし、ここぞという場面では競争心や対抗心に火をつけたほうがうまく行く。状況に応じて両者を入れ替えるような〝ハイブリッド〟な思考をすることが、嫉妬心と対峙する現実的な方法ではないだろうか。

「落ち込み」は「諸行無常」で乗り越える

ものごとがうまく運ばず、「自分は能力が足りない」とか「運に見放された」と落ち込むことはよくある。「ああすればよかった」と後悔することもしばしばだ。このままずっと浮かばれないのではないか、もう何をやってもダメなのではないか、と思い詰めることもあるだろう。

しかし仏教は、そういう発想をはっきりと否定する。それが「無常観」だ。「平家物語」の冒頭の「祇園精舎の鐘の声　諸行無常の響きあり」でも知られるが、これはけっして「この世は虚しい」というニヒルな意味ではない。例えばブッダは、以下のように述べている。

〈「一切の形成されたものは無常である」（諸行無常）と明らかな知慧をもって観

るときに、ひとは苦しみから遠ざかり離れる。これこそ人が清らかになる道である。〉

（『ブッダの真理のことば　感興のことば』）

つまり「諸行無常」とは、**「この世のすべてのものは移り変わる」**という意味だ。それを前提にすれば、「〇〇を得たい」「〇〇を失いたくない」と欲すること自体が無意味になる。したがってものごとの執着から解放されて楽になる、と説いているのである。

もっと現実的に解釈すれば、上がるときもあれば下がるときもあり、いい時期もあれば悪い時期もある、ということだろう。そういう変化を冷静に見つめる視点が「無常観」なのである。

例えば逆風に晒されたとき、「もうダメだ」と諦めてしまうのはブッダ的ではない。かといって、無理やり抗おうとするのも「無常観」に反する。**「今は逆風でも、そのうち風向きは変わるだろう」と鷹揚に構える姿勢**が、もっともブッダに近いのではないだろうか。諺でいえば「待てば海路の日和あり」の感覚だ。少なくともそう考えれば、気分的にずいぶん楽になるに違いない。

これは、ある種のメンタルトレーニングでもある。とりまく状況が悪い中で、いかに「諸行無常」と自分に言い聞かせられるか、という問題だ。この点については、古今東西のあらゆる功成り名を遂げた人物の言動が参考になるだろう。生涯を通じて順風満帆な人など、まずあり得ないからだ。宗教が何であれ、「かならず状況は変わる」という信念がなければ、とても歴史に名を残すような偉業はできなかったはずである。

「他人の過去を見るなかれ」

実際のところ、**逆境のときこそメンタルは鍛えやすい。うまく行っているときは、いわば〝自動操縦〟すれば済むため、かえって自分を見失うことがある。**たとえ運がいいだけの場合でも、それを自分の実力と勘違いしやすいのである。

しかし風向きが変われば、必然的に態勢を見直すことになる。ふたたび風向きが変わるまで待てばいいのか、課題を発見して克服すべきなのか、自分自身と向き合って考える必要がある。まさに自己を客観視するいい機会になるわけだ。原因が運なのか実力なのかもはっきりするだろう。

例えば、本人の意に反する出向や左遷はよくある。昨今であれば、リストラすら珍しくない。自分がその状況に直面したとき、どう捉えるかによって、その後の社会人としての生き方は大きく変わってくるだろう。

まず多いのは、やはり「運が悪かった」で片づけてしまうことだ。「上司とソリが合わなかった」「自分の得意な仕事ではなかった」等もこの部類に入る。実際、これが主因であることも少なくない。ならば新しい職場に移ることで、風向きも変わるはずだ。「不運に挫けずがんばっている」と評価して、引き立ててくれる人も現れるかもしれない。

一方で、本当に「運」だけの問題なのか、冷静に検証することも欠かせない。自分の実力不足や勉強不足、あるいは協調性の欠落や傲慢さなど人間性に原因がある場合もある。そもそも組織は、有益な人材をそう簡単に手放したりはしないからだ。思い当たるフシがあるのなら、まずそこを反省し、改める必要がある。それがなければ、どこへ行っても逆風に晒されるだけだろう。

ブッダも、反省の回路を持つことを勧めている。

〈他人の過去を見るなかれ。他人のなしたこととなさなかったことを見るなかれ。ただ自分の（なしたこととなさなかったことについて）それが正しかったか正しくなかったかを、よく反省せよ。〉

（『ブッダの真理のことば　感興のことば』）

まるで今日のビジネス書にありそうな言い草だが、それだけ昔も今も自分を棚に上げる人が多いということだ。**思い込みを捨て、しっかり現実を見つめる**こと。そんな自己客観視は、仏教の世界でも仕事上でも不可欠の条件といえるだろう。

しかもこれは、自身が明るさを保つためのコツでもある。「上司のせい」「同僚のミスに巻き込まれた」などと周囲に恨みを持っていると、どうしても表情が暗くなる。そういう人には、誰も近づきたがらない。したがって次のチャンスを摑みにくいのである。

私の知るかぎり、いい仕事をしている人はたいていい透明な明るさを持っている。仕事がうまく行っているから明るいのではなく、明るいから周囲に人が集まり、いい仕事ができるのだろう。それは、自分がどういう人と仕事をしたいかを考えてみれば明らかだ。

もちろん、その人たちも順風満帆ではなかったはずだ。しかし責任は自分にあると覚悟を決め、「ならばこうしてみよう」と打開策を見定めることができれば、ことさらに暗くなる必要はないのである。

いつも心に「塞翁」を

逆境を跳ね返す最強の考え方は、「人間万事塞翁が馬」という諺の中にある。「禍福はあざなえる縄のごとし」と同じような意味で捉えられることが多いが、私はかなり違うと思っている。「人間万事〜」は、そもそも世の中の変化を「禍福」という観点では捉えていないのである。

この諺は、中国北部の城塞に住む一人の老人（塞翁）のエピソードが元になっている。あるとき、塞翁の飼っていた馬が北方の国境を越えて逃げてしまった。近所の人がなぐさめに行くと、塞翁は泰然自若として「これが幸福を呼ぶだろう」と言い放つ。

その後、逃げた馬は北方の駿馬を連れて帰ってきた。近所の人が祝いに駆けつけると、塞翁は「これが災いを招くだろう」と予言する。実際、塞翁の息子がその駿馬から落ちて足の骨を折った。近所の人が見舞いに来ると、塞翁はまた「これが幸福を呼ぶだろう」と動じない。

一年後、北方の国との間で戦争が始まり、多くの若者が駆り出されて戦死した。だが塞翁の息子は足の骨折で兵役を免れ、生き長らえることができたのである。

これは、塞翁の類まれな予知能力を称える話ではない。何が起きるかわからないから、あらゆる事象を「幸福」や「災い」という価値観で判断すること自体に意味がない、と説いているのである。だから、一時的に浮いても沈んでも一喜一憂するな、心を揺るがせるな、というわけだ。

塞翁が仏教徒だったかどうかは定かではないが、この達観ぶりはブッダに通じるものがある。世間的に「逆境」と見なされる場面を逆境と思わないとすれば、その心はかなり強い。ただそれは、鍛え抜かれた強靭な精神力というより、基本的には「どう捉えるか」という考え方の問題だ。だとすれば、私たちでもある程度修得できるのではないだろうか。

現実に、「幸福」と「災い」はしばしばひっくり返ることがある。会社をリストラされて仕方なく異業種に再就職したら、天職と思えるほど水が合ったとか、立派なマンションを買った直後に、離婚してローンと慰謝料の支払いに苦しめられる、といった類だ。

あるプロジェクトのメンバーに選ばれたことを喜んでいたら、がんばりすぎて体調を崩してしまうということもある。逆にメンバーに選ばれずに落胆していたら、プロジェクト自体が大失敗してメンバーが責任を問われるということもある。幸福や災いは、ある意味で想像と感情の産物でしかないわけだ。

だから、たとえ絶望的な状況に置かれても、「人間万事塞翁が馬」「災いと決まったわけではない」と自分に言い聞かせることができれば、感情から距離を置くことができる。あるいは塞翁ほどの予知能力はないとしても、「転職で新しい世界が開ける」「メンバーに選ばれないことで身体を休めることができる」などと半ば強引にプラスに考える習慣をつけてもいい。いわば〝逆張り〟でバランスをとるわけだ。それによって事態が好転することも、おおいにあり得るだろう。

怒りは「鎮める」より「切り離す」

仕事でもプライベートでも、ついカッとなることは日常的にあるだろう。理不尽な扱いを受けたり、どうしても意見が嚙み合わなかったり、信頼を裏切られたり等々、〝火だね〟はどこにでも転がっている。

しかし、感情に任せて怒りを爆発させたとしても、たいてい事態は悪化するだけだ。「感情をコントロールできない要注意人物」というレッテルを貼られ、人間関係は壊れ、周囲に誰もいなくなってしまうのがオチである。

あるいは爆発までは至らないにしても、いつまでも怒りを溜め込んでいると、感情が安定しない。それは冷静な判断力を奪うことになりかねない。何らかの復讐を考えるとすればなおさらだ。また表情にも表れて、やはり人を遠ざけてしまうだろう。

もちろん、怒りの感情はブッダの思想の対極にある〝煩悩〟だ。したがって、しばしば消し去るよう説いている。

〈実にこの世においては、怨みに報いるに怨みを以てしたならば、ついに怨みの息《や》むことがない。怨みをすててこそ息む。これは永遠の真理である。〉

〈怒りを捨てよ。慢心を除き去れ。いかなる束縛をも超越せよ。〉

〈怒らないことによって怒りにうち勝て。〉

（『ブッダの真理のことば　感興のことば』）

いずれにも共通するのは、**「怒りを鎮めよ」ではなく、「怒り」を人格とは別のものとして切り離せと説いている**ことだ。ひとたびカッとなったとき、状況を冷静に見つめ、「ここで声を荒らげても仕方がない」「相手は自分を怒らせるために、わざと悪口を言っている」「言い返せば言い合いになるだけだ」と自分に言い聞かせるわけだ。これも前述した自己客観視の一環といえるだろう。

その意味では、怒りが沸き起こった瞬間は自らを鍛えるチャンスにもなり得る。いかに脳に情報を送り込んでクールダウンさせ、心の平静を取り戻すか。それは、仏教的なアプローチをもっとも試しやすい瞬間ということでもある。

実際、「怒っている姿を見たことがない」という人は少なからずいる。社会生活を営む以上は腹の立つこともあるはずだが、意識的か否かはともかく、自己客観視によって制御しているのだろう。

あるいは接客業など、理不尽な客に対しても笑顔を維持し続けなければならない人もいる。さぞかしストレスは多いだろうが、それ自体がたいへんな修行になっていることは間違いない。現代の街中にも、ブッダは存在するのである。

キレやすい高齢者は〝生き仏〟を見習おう

もともと日本人は温厚で、怒りを露わにする人はそれほど多くない。だがその例外が、昨今の高齢者だ。よく「キレやすい」と話題になるが、おそらくそれ自体が老化現象なのだろう。しだいに視野が狭くなり、多くを受け入れる余裕を失い、つい怒りっぽくなってしまうのである。

しかも、歳を重ねるごとに頑迷になり、長く生きてきたという自負から傲慢さも加わり、ますます瞬間湯沸かし器の様相を呈する人もいる。あるいは、地位が上がった途端に勘違いをして威張り出す人もいる。いずれにせよ、周囲にとっては迷惑以外の何物でもない。理屈や体力の問題ではなく、年長者に怒鳴られることは若い人にとって恐怖であり、萎縮の原因にもなるのである。

もちろん、すべての高齢者が一様にキレやすくなるわけではない。逆に**円熟し、自然に若い世代から尊敬を集める人もいる。**アニメ「サザエさん」で長く波平の声を担当され、先ごろ亡くなられた声優の永井一郎さんもそんな方だった。私が出演しているTBSテレビの『ニュースキャスター』でナレーションを務めておられたため、番組スタッフはその温厚な人柄をよく知っている。

彼らによれば、まず驚かされるのは、相手が誰であってもかならず敬語を使うことだという。永井さんはすでに八〇歳を超えていたが、対するスタッフの中には二〇歳代前半のADもいる。実に六〇歳もの開きがあるわけだが、それでも常に丁寧な敬語で接しておられたそうである。

あるいはスタッフのミスで録り直しになったときでも、嫌な顔ひとつすることがなかった。スタッフがどれほど救われた思いだったか、想像に難くない。常に穏やかで、周囲に気を配りつつ、「この歳まで仕事ができて幸せだ」とよく語っておられたという。

永井さんは京都大学出身で、もともとたいへんな知性と教養の持ち主だった。ただ若いころは俳優を志すも、なかなか芽が出ずに苦労されたらしい。そこから声優という仕事に出会い、華を咲かせることになる。そんな経緯もあって、仕事への誇りと感謝を常に忘れなかったのだろう。誰もが納得するまで何度もやるのがプロ、と自ら任じておられたに違いない。

その意味では、永井さんは明らかにブッダだった。声優という仕事を通じて悟りを開いたともいえるだろう。

こういう存在は、私たちの道標になる。先述の接客業についてもいえることだが、**ある職業に徹することで、怒りから解放され、周囲と諍いを起こすこともなく、良好な関係を保てる可能性が高まる**わけだ。より高い次元のプロを目指す人ほど、この傾向は顕著である。ならば、それを目指さない理由はないだろう。

あるいは、こういう人を身近で見ていると、すぐに怒る自分が恥ずかしくなる。見習って温厚になりたいと願うようにもなる。そんな若い〝生き仏〟が街中に溢れれば、さしものキレやすい高齢者も自らを反省し、仏の道を目指すに違いない。

第4章

ブッダの「悟り」を追体験する

悟りの肝は「呼吸法」にある

ブッダが悟りに至ったプロセスは有名だ。六年間の苦行を経てもなお悟れず、意を決して苦行林を出る。そこへ村の娘スジャータが通りかかり、持っていた乳粥をブッダに授ける。それによって気力・体力を回復すると、今度は菩提樹の下で瞑想に入る。それによって「ブッダ（目覚めた人）」となるのである。

だがこの説明には、重要な要素が一つ欠けている。瞑想の最中、「アナパーナ・サチ」と呼ばれる呼吸法を実践していたということだ。村木弘昌先生の名著『大安般守意経に学ぶ釈尊の呼吸法』（春秋社）は、ブッダの呼吸法を西洋医学の視点から読み解いている。

瞑想というと、ただ黙って目を閉じているだけというイメージがあるが、それは違う。方法はいくつかあるが、呼吸法はどの瞑想法でもかならず基本になる。言い換えるなら、呼吸を整えることで心を落ち着け、果ては悟りに至ることまで可能なのである。そのことに、ブッダは直感的に気づいていたのだろう。

では、なぜ呼吸法と悟りがつながっているのか。それは、悟りが「今この瞬間」に目覚め続けるということであり、呼吸こそ今この瞬間に起こっているものだからだ。呼吸を見つめることで意識が整う。息の出入りはまさに生命の象徴でもある。

スリランカ出身の僧侶で仏教の瞑想法を西洋に広めている、バンテ・H・グナラタナは、『マインドフルネス　気づきの瞑想』（サンガ）で、「心を瞑想対象に完全に集中させるなら、心は静まり、幸福を感じ始めるでしょう」「集中すべきものは今の現象です」と言い、こう続けている。

心は、何か対象がなければ決して集中することができません。したがって、瞬間瞬間いつでも手に入る対象を心に与えてあげなくてはならないのです。対象の一つに、呼吸があります。呼吸は常に鼻孔から出入りしていますから、心はたやすく呼吸を見つけることができるのです。瞬間瞬間、目覚めて気づきの実践をしているなら、心は簡単に呼吸に集中できるでしょう。呼吸は他のどんな対象よりも目につきやすく、常にあるものだからです。

呼吸法は私の専門分野でもあり、『息の人間学』『呼吸入門』といった本に考えをまとめた。研究対象であるだけではなく、日常的に実践している。呼吸法こそが、ブッダの至った悟りの境地を体感するための、もっとも最短の近道だとさえ思っている。では呼吸法とはどういうものなのか、簡単に説明してみよう。これには、大きく二つのステップがある。

呼吸を全身で感じる

第一は「**呼吸を全身で感じる**」ということだ。私たちはふだん、呼吸を意識することはあまりないだろう。ではまず、それを実践してみていただきたい。ポイントは、息を吸う際に身体が膨らみ、吐く際に萎むようなイメージを持つこと。赤ちゃんの静かでゆっくりした呼吸を思い出せばちょうどいい。つまりは、全身で呼吸を感じるということだ。

一見すると簡単そうだが、実はそうでもない。荘子の言葉に「真人は踵で呼吸し、衆人は喉で呼吸する」というものがあるが、たしかに身体が硬くなっている人、心が落ち着いていない人は、なかなか全身を使った深い呼吸ができない。喉元だけの浅い呼吸になりがちなのである。

そういう場合は、全身の力を抜き、軽く揺さぶってみるといい。立っているなら軽く膝の屈伸運動をしたり、座っているなら上体を前後左右に揺らすだけで、身体をほぐすことができる。それによって呼吸筋を緩めると、息の通りはずっと良くなるのである。

深い呼吸を実感できれば、とりあえず目の前にある面倒なことから意識をそらすことができる。それによって対象を客観視できれば、心を落ち着かせることにもなる。新たな気持で対処法を考えることもできるだろう。

「そんなことをしている場合じゃない」というほど、パニックになる場面もあるかもしれない。だが呼吸を意識するのは、ほんの〇・五～一秒でもいい。実際、私の知るかぎり、プロのアスリートはたいてい実践している。常に一瞬の判断を迫られるから、呼吸を意識して心を落ち着かせることが大前提なのである。

私たちがどれほど忙しいといっても、プロスポーツの試合中ほどではないだろう。

要は、意識的に実践するか否か、というだけの問題である。

呼吸を緩やかにしていく

第二のステップは、**「呼吸を緩やかにしていく」**ということだ。ポイントは、吸う息よりも吐く息をゆっくり長くしていくことにある。医学的にいえば、これによって副交感神経が活性化する。つまりは気持ちが落ち着いてくるということだ。

具体的には、まず鼻から吸って口から吐くのが基本だ。私がよく人に勧めているのは、**鼻から三秒間ほど軽く吸い、一〜二秒だけ呼吸を止め、そして口から一〇〜一五秒をかけてゆっくり吐いていく**というもの。呼吸は鼻から吸って鼻から吐くのが自然だが、あえて口から吐くことによって、長く吐くコツが摑みやすくなるのである。

私の指導経験上、長く息を吐き続けられる人ほど、集中力も持続する傾向がある。特に子どもの場合、落ち着きのない子は五秒ほどで吐き切ってしまう。勉強のできる子ほど、長く吐くことができる。このあたりは、容易に想像できるだろう。

もちろんこれは、大人にも当てはまる。逆にいえば、少しだけ呼吸法を試すだけで、集中力が維持されて勉強や仕事がしやすくなるということだ。世間を見渡しても、これほど自分にとって簡便で強力な味方はいないはずだ。

例えば以前、私は小学生と大学生を対象に、呼吸によって感情をコントロールする実験を行ったことがある。あえて焦ったり怒ったりする状況をつくり、頃合いを見計らって息をフーッと吐き出してもらうというものだ。そうすると、その場は一瞬にしてシーンと静まりかえるのである。ただちに焦りや怒りの感情が消える、とまでは言えないが、少なくとも我に返るきっかけにはなる。文字どおり「ひと呼吸置く」ことになるわけだ。

あるいは講演会等でも、私はしばしば「一番嫌なことや、イライラや怒りの感情を思い出してください」と呼びかけることがある。その上でこの呼吸法を二～三回試してもらうと、会場は一気に静まり返るのが常だ。単に全員が黙るだけではなく、全体の空気が落ち着くのである。

壇上から全員を見渡せる私は、それを誰よりも実感している。参加者が一〇〇人でも一〇〇〇人でも、これは同じだ。そんな様子を見きわめた後、「皆さん、立派なブッダになられましたね」と呼びかけるのが私の〝持ちネタ〟である。

かつてNHKのある番組でも、この呼吸法で実験を行ったことがある。二〇人ほどの人に、単純な計算問題を大量に解いてもらうというものだ。呼吸法を取り入れると、疲労時でも点数がアップした。

これは、私たちの仕事にも応用できるはずだ。時間に追われているためか、疲れたまま、イライラしたままで作業を続行することはよくある。仕事とはそういうもの、と割り切っているフシもある。実際、そういう環境に慣れてしまった人もいるだろう。

だが、そこで呼吸法を取り入れれば、作業の質量ともに向上する可能性がある。疲労は回復に向かわせ、怠惰にはモチベーションを与え、興奮や焦燥には冷静さをもたらす、といった効果が期待できるからだ。まるで〝万能薬〟のような言い草だが、要は心身のアンバランスを元に戻す働きがあるということだ。

ブッダが呼吸法にこだわった理由

言い換えるなら、心身を落ち着いた状態に保つことは、これほど簡単なのである。そのことに気づいていない人は、意外に多いのではないだろうか。

これは、現代風にアレンジしているわけではない。先に述べたとおり、ブッダ自身も、最終的に悟りに至ったのはシンプルな瞑想（＝呼吸法）によってである。それまでの苦行の価値もゼロではないだろうが、悟りをもたらすことはなかった。

例えば、護摩行という苦行がある。護摩を焚く炎のそばで、ずっとお経を唱え続けるというものだ。おそらくこれは、熱いし苦しい。一方で、火に炙られることによる独特の高揚感も得られるのかもしれない。だがブッダは、護摩行に否定的だ。「護摩を焚くことにこだわってはいけない」「苦行をすれば悟れると考えてはいけない」と述べている。

その代わり、ブッダがこだわったのが**誰でも悟りに到達できる方法**だ。その一つが呼吸法というわけだ。つまり息を長く吐き切ることこそが、仏教の修行の基本であるといっても過言ではないのである。実際、ブッダはこれによって悟りを得た。だとすれば、同じ道をたどってみるのがもっとも合理的だろう。

江戸時代の禅僧・白隠禅師は、「丹田呼吸法」と呼ばれる健康法を提唱したことでも知られる。その基本は、臍の下の部分（臍下丹田）に「気」を鎮めること。臍下丹田に息を溜め、そこからゆっくり吐き出すようなイメージを持つのである。

これは道教の流れを受けた方法で、「丹」とは不老不死の薬を指す。それをつくる場所が「丹田」であり、本来は身体に上丹田（眉間）、中丹田（胸の中央）、下丹田（臍の下）の三箇所がある。ただ日本では、もともと武士道の伝統や畳文化によって腰や肚に意識が向きやすかったため、丹田といえば主に下丹田を指すようになったのである。いずれにせよ、ブッダの呼吸法を日本流にアレンジしたものといえるだろう。

ちなみに、**これは健康法としてのみならず、あらゆる武道の基本でもある**。呼吸をコントロールすることで心を整え、身体の動きから力みを取り去ろうというわけだ。

さらには時空を超え、現代のアメリカでも瞑想が注目されている。『マインドフルネスストレス低減法』（J・カバットジン著、北大路書房）はその代表例だ。分子生物学者である著者は、呼吸法と瞑想によってストレスを軽減する方法を開発。といっても、けっして難しい方法ではない。やはり呼吸に意識を集中させ、深く吸ってゆっくり吐くのが基本だ。それだけでも心理的に落ち着くばかりでなく、不眠症を改善したり、病気やケガによる痛みを軽減したり、血圧を下げたりといった身体的・医学的な効果も出ているという。

「読経」で呼吸を整える

呼吸は、声を出すことによっても整えられる。つまりは心を整えることにもなる。私が拙著『声に出して読みたい日本語』（草思社）のシリーズで世に提案したかったことの一つは、まさにこの点だ。

音読の最中は、読み間違えないように目の前の活字に集中する。この時点で邪念が取り払われることになる。その上、読む内容も深く染み込んでくる。つまりは心身が整ってくるわけだ。

かつて私は、子どもたち二〇〇人と夏目漱石の『坊っちゃん』を音読で読破したことがある。周知のとおり、けっして短い小説ではない。終えるまでには六時間を要した。もちろん、最初から読破するつもりだったわけではない。だが読み進めているうちに、子どもたちの集中力がある種の〝ゾーン〟に入って止まらなくなってしまったのである。皆で無心になって声を合わせているうちに、持っていた潜在力が湧き上がってきたともいえるだろう。

これは、合唱を思い出してみればわかりやすい。一人で歌い続けることは難しくても、周囲の声に支えられれば夢中になって歌える。これが音楽の良さだろう。同じような心理が、音読でも働くのである。

ただ子どもならともかく、大人になって音読する機会は少ないかもしれない。カラオケで憂さを晴らすという手もあるが、いくら歌っても悟ることは難しいだろう。歌詞が空虚だったり、惚れた腫れたの類であればなおさらだ。それに、一人でマイクを独占していると、かえって翌日以降に禍根を残すことになりかねない。

そこで使えるのが読経だ。有名な『般若心経』をはじめとして、お経は黙読ではなく音読が基本である。そもそもお経とは、ブッダの言葉をリズムのいい詩のように〝編集〟したものだ。日本に伝わってきたのは、その漢訳版である。読みやすい文章にすることで、誰もが覚えやすいようにしたのである。

だから僧による読経には独特のリズムがあり、聞き心地もいい。読む側も気持ちがいいはずだ。それを毎朝実践すれば、ブッダの尊い教えが頭に入るとともに、気持ちも安らぐに違いない。無心になって集中した状態をつくる上で、お経は絶好の〝テキスト〟といえるだろう。

ただし、お経には弱点もある。基本的に中国語だから、意味がわからないということだ。それも日本語の書き下し文にすればいいものを、音読みが定着したためにますますわからない。わかっているのは専門に勉強した僧ぐらいだろう。お経といえば「眠くなる」の代名詞のように言われるが、それも無理からぬ話である。

しかも、もともとブッダが話していたマガダ語と呼ばれる言語をサンスクリット語に直し、それを鳩摩羅什《くまらじゅう》や玄奘三蔵《げんじょうさんぞう》といった達人が中国語に訳したものだから、さながら伝言ゲームのように当初の意味が変わっている部分もある。さらにいえば、『般若経』や『法華経』のような大乗仏典は、ブッダよりずっと後世の仏教者たちがつくったものであり、かならずしもブッダの言葉を反映しているとはかぎらない。

つまり日本人は、読経の価値を半分しか経験していなかったわけだ。ブッダの言葉はすばらしいのに、仏教の伝来以来、それをダイレクトに感じる機会をずっと持たなかった。歌詞の意味を知らずに洋楽を歌うようなもので、そこに違和感を覚えたとしても仕方がない。お経が僧の専売特許のような存在になってしまったのも、当然かもしれない。

その状態を変えようと試みられたのが、中村元先生の訳による『ブッダのことば』をはじめとするシリーズだ。中国語のお経ではなく最初のインドの仏典に立ち返り、それを現代の日本語に訳されたのである。

それを読んでみると、**ブッダがいかに平易な言葉で素朴なメッセージを語っていたかがわかる。**例えば「一切の生きとし生けるものは、幸せであれ」「人は常によく気をつけていて、諸々の欲望を回避せよ」「自我に固執する見解を打ち破って、世界を空なりと観ぜよ」「心が沈んでしまってはいけない。またやたらに多くのことを考えてはいけない」といった具合だ。難解そうなお経とはまったく違う、ブッダの素顔を見ることができるだろう。

それはちょうど、一五世紀初頭に世阿弥が記した能の理論書『風姿花伝』が、二〇世紀初頭になってようやく一般の目に触れるようになった感覚に近い。あるいは一六世紀のマルティン・ルターの宗教改革により、平易なドイツ語版の聖書が登場したほどのインパクトがある。

ただし、お経のようにリズムよく音読できる言葉ではない。どこまでも平凡な、話しかけるような言葉で綴られている。それでもブッダの〝ナマ〟の声に触れられるのだから、私たちはたいへん恵まれた時代に生きているといえるだろう。

リズムと意味を両立させた友松圓諦訳の『法句経』

あるいは日本語でお経のリズムを楽しみたいなら、仏教学者の友松圓諦の訳による『法句経』（講談社学術文庫）がある。これも原始仏典の一つで、原典のパーリ語では「ダンマパダ」という。「ダンマ」とは「この世を支配している真理・原則」といった意味で、「パダ」は「ことば」を表す。四二三編にのぼる短い詩の形でブッダの世界観や人生論が語られていることから、「お経の論語」と称されることもある。

前出の中村元先生は、これを「真理のことば」と訳して『ブッダの真理のことば感興のことば』に収録された。やはり平易で、誰にでもわかる日本語になっている。

一方、それよりも前に刊行された**友松訳の『法句経』は、原典の詩的なリズムを踏襲するように詩的な日本語に仕上げてある。**言葉遣いはやや古いものの、意味がわからないほどではない。そして何より、音読してもリズムがいいのである。

例えば、以下のような感じだ。

〈精進《はげみ》こそ不死の道　放逸《おこたり》こそは死の径《みち》なり　いそしみはげむ者は　死することなく　放逸《おこたり》にふける者は　生命《いのち》ありとも　すでに死せるにひとし〉
〈彼に　此岸も彼岸も　あるなし　畏懼《おそれ》もなく　繋縛《まつわり》もなし　かかる人をば　われ　婆羅門と　謂わん〉

友松による訳が最初に世に出たのは戦前だが、その当時はたいへんなブームになったらしい。たしかに日本語で意味がわかり、なおかつ経文然とした格調の高さも失われていない名訳だから、それも当然だろう。

ところが昨今、この本の存在はすっかり忘れ去られた感がある。『法句経』自体、知らない人が多いかもしれない。せっかくの宝が埋もれてしまっているわけで、実にもったいない気がする。

音読で呼吸を整えたいとき、お経のリズムを体感したいとき、そしてブッダのメッセージを直接知りたいときは、迷わず『法句経』を選択していただきたい。三つのニーズを同時に叶えられるのは、この一冊だけである。

『般若心経』を読みこなす

　ところで、日本人にとってもっとも馴染みのあるお経といえば『般若心経』だろう。これは大乗仏教の基本経典である『大般若波羅蜜多経』全六〇〇巻のエッセンスを、わずか二六六字に凝縮したものだ。文字どおり「心髄を説いたお経」といえるだろう。ちなみに、日本に伝わるのは主に玄奘三蔵（三蔵法師）の漢訳だ。

　それだけに、音読してみるのもおもしろい。**意味を直接理解するのは難しいかもしれないが、読経ならではのリズムを体感することはできる。**そういうニーズに応えるために、昨今はCDやCD付きの書籍なども多数ある。耳から覚えて口で真似てみるのも、新鮮な経験になるだろう。

　もちろん、意味を知った上で読めば、よりありがたみが増すだろう。お経というと神秘主義的なイメージを持たれることもあるが、それは違う。「色即是空　空即是色」に象徴されるように、基本的なテーマは「空」だ。「この世は空である」として、いっさいの執着や観念や欲望を捨てれば、苦から救われると説いているのである。

大乗仏教の多くの宗派がこれを重要な経文として位置づけているが、それぞれに解釈が違う点もある。第6章でも紹介するとおり、さまざまな立場の著者による多くの解説書があるから、書店で立ち読みでもして選んでみるといい。

そうすると、末尾の「羯諦羯諦《ぎゃあていぎゃあてい》　波羅羯諦《はらぎゃあてい》……」という真言《マントラ》の重みも増してくる。多少なりとも心が軽くなるのではないだろうか。

大事なのは、三日坊主で終わらせないこと。暗唱してしまうほど繰り返すことによって、心を安定させる〝技〟になっていくのである。

生活習慣が整うと、心も整ってくる

日常的に心の安定を図る方法は、呼吸法や読経だけではない。もっと単純に、**一定の生活習慣を維持することも〝修行〟の一環**と捉えれば、それなりに落ち着けるのではないだろうか。

例えば毎朝、何の迷いもなく決まった時間に出社できるということは、それだけで幸せなことである。「行きたくない」「逃げ出したい」と毎日思っているとすれば、そのストレスはかなり大きいはずだ。

あるいは、同じような時間に新聞や本を読んだりすることも、落ち着きの元になる。そもそも活字は新しい情報・知識の源だ。そういうものにかならず触れる時間を持つことで、気分転換になるし、ある意味で自分をリセットすることにもなる。それが毎日続くとすれば、かなり多くのことを学べるはずだ。

簡単な気分転換なら、音楽に身を浸すのも一つの方法だ。リズムやメロディと一体化し、呼吸もそれに合わせることで、身体の緊張を緩められる。やや大げさにいえば、別世界に身体を遊ばせることができるのである。

リセットという意味では、入浴も有効だ。湯船に浸かってお湯と混じり合い、ゆっくり呼吸していると、やがて大海に放たれたような開放的な気分になってくる。これは修行というより快楽に近いが、ブッダが到達した悟りの境地とは、こういう心持ちだったのではないだろうか。

さらにいえば、身体を動かすことも心の安定につながる。私も以前、忙しさのあまり心のバランスを崩しかけたとき、久しくやめていた運動を再開したところ、たちどころに改善に向かった覚えがある。運動は身体だけでなく、心にもいいということをあらためて実感した。

運動といっても、大げさに考える必要はない。例えば長めに歩いたり走ったり、せいぜいプールで泳いだりといったレベルでも十分だ。短時間でも運動に集中すれば、息が入れ替わって気分転換になる。それまでマイナスの感情に囚われていたとしても、そこから少し距離を置くことができるのである。

あるいは通勤電車の中でも、ちょっとした運動は可能だ。私が若いころによく実践したのは、あえてつり革につかまらず、両脚だけで立って呼吸を整えるというもの。身体の重心を意識できるし、呼吸法の鍛錬にもなる。満員電車は辛いが、それを紛らわすためにも、ちょっとしたゲーム感覚で楽しんだ覚えがある。

こうした習慣を多く持てば、生活にメリハリが生まれる。仮に日常で嫌なことがあっても、気分を切り替えやすくなる。あるいは**「そういう時間があるから大丈夫」**と思えるようになる。結果的に心のブレが少なくなるわけだ。現代人には、こういう〝習慣力〟が必要だろう。

コツは、**「どうしてこれをやるのか」といちいち考えないこと。「時間が来たらこれをやる」**と決めてかかること。無意識のうちに続けていた、という状態になるのが理想だ。合わなかったり、飽きてきたりしたら、また別の習慣を探してみればいい。その試行錯誤もまた、楽しいはずである。

自分に刺さった矢は「理性」で抜く

呼吸法や習慣を持つことが身体から心を整える方法だとすれば、もう一つ、理性から心を整える方法もある。この二本柱で心を支えるのが、ブッダのやり方だ。例えば、以下のように述べている。

〈世間には種々なる苦しみがあるが、それらは生存の素因にもとづいて生起する。

実に愚者は知らないで生存の素因をつくり、くり返し苦しみを受ける。それ故に、知り明らめて、苦しみの生ずる原因を観察し、再生の素因をつくるな。〉

（『ブッダのことば』）

きわめて論理的・科学的な視点を持っていたことがわかるだろう。「苦しみ」を「失敗」と言い換えれば、あらゆる社会人に通用する。失敗から多くを学び、同じ轍を踏むなということだ。

科学と宗教はしばしば対立的に語られるが、少なくともブッダに関してはそうではない。**世の中のあらゆるものに幻想を抱かず、思い込みを排除し、冷静に観察しなさい**というのがブッダの姿勢だ。それはまさに、科学や研究開発の基本でもある。

その原点となるのが、とにかく勉強だ。より多く勉強すれば、その分だけ失敗を防いだり、ピンチに対処できたりする。つまりはパニックにならずに理性を保ちやすくなるということであり、それは心の安定にもつながるだろう。

その意味で、学校時代の勉強は理性を鍛える訓練にもなっている。時間内に問題を解く、聞かれたことに即座に答える、集団行動を乱さないといったことは、すべて理性とそれを支える知性しだいだ。あるいは歴史や科学を学ぶことで、偏見や誤解を消すことができる。それも理性を鍛えるということだ。また当然ながら、理性の獲得は人格形成にも大きく影響するはずだ。

もちろん、これは学校教育にかぎった話ではない。社会人であれば、なおさら自主的に学ぶ姿勢が必要だ。専門学校に通って語学や資格を修得するのも一つの方法だが、日常の仕事からも学べることは多いだろう。

むしろリストラが当たり前のように行われる昨今、勉強はますます重要になっている。それは誰もが自覚しているはずだ。楽をしたくて勉強を怠ると、結局は「苦しみ」となって自分に跳ね返ってくる。その意味では、是非はともかく「時代がブッダに追いついた」と言えなくもない。

ちなみに、ブッダはかなりのスパルタ教師でもあったらしい。『ブッダのことば』に登場する以下の檄文のような言葉からも、それは窺える。

〈起てよ、坐れ。眠って汝らになんの益があろう。矢に射られて苦しみ悩んでいる者どもは、どうして眠られようか。〉

〈起てよ、坐れ。平安を得るために、ひたすら修行せよ。汝らが怠惰でありその［死王の］力に服したことを死王が知って、汝らを迷わしめることなかれ。〉

〈（略）わずかの時をも空しく過すことなかれ。時を空しく過した人は地獄に墜ちて悲しむからである。〉

〈（略）つとめはげむことによって、また明知によって、自分にささった矢を抜け。〉


怠惰に流れそうなとき、こんな言葉を思い出してみてはいかがだろう。

日常生活に瞑想を取り入れる

日常生活に瞑想を取り入れよう――かねてから、私はそう主張し続けてきた。寺にこもって座禅を組むばかりが瞑想ではない。例えば夕日を眺めたり、川の流れを見つめたりする瞬間に、ふと心が落ち着いてリセットされたような気分になることがある。インスタントとはいえ、これも瞑想の一種だ。むしろ日々忙しい人ほど、こういう短時間の瞑想は必須であると私は考えている。

そこで重要なのは、**自分で意識的に「瞑想タイム」や「瞑想アイテム」をつくること**だ。昨今でいえば、暇さえあればスマホをいじる、という人が少なくない。しかしこれは、さすがに瞑想にはならない。情報収集にしろ、メールやゲームにしろ、気を紛らわすこと、または意識を外に向けることにしかならないからだ。瞑想の目的はまったく逆で、自分を見つめ直すことなのである。

例えばコーヒーを淹れたとき、とりあえず香りに神経を集中させるとか、ミルクを入れて色が変わる様をじっと見つめる、といったレベルでもいい。時間にすれば、せいぜい三〇秒〜一分程度だろう。「自分はこの感覚が好きだ」「この瞬間だけ我に返る」と決めておけば、それが瞑想タイムになるのである。

あるいは、職場では難しいが、自宅なら法事などでお馴染みの三種の道具を利用してもいい。ろうそく、おりん、線香である。いずれも原始仏教に登場するものではなく、中国から儒教の影響を受けて日本に伝わったものだが、今やすっかり仏教を象徴する道具として定着している。自宅に仏壇があるなら、ちょっと拝借して試してみることをおすすめしたい。ろうそくや線香なら、アロマ用のものでも十分だ。

ろうそくの炎をじっと見つめたり、おりんの「チーン」という音に耳を澄ませたり、線香の香りに身を委ねたりすると、日常の中に非日常の空間が生まれる。特に炎は、人の意識を集中させる力がある。誰でも簡単に瞑想の状態に入れるだろう。

まったく違う方法としては、好きな絵画を探してみるのもいい。概して日本人男性は絵画の鑑賞が苦手で、私も「どう見ればいいのかわからない」と相談を受けることがよくある。だからこそ、かえって新鮮に触れることができるはずだ。「正しい鑑賞法」というものが存在するわけではないが、見方としては大きく二つある。

一つは、その絵画が描かれた時代背景や作者の事情を知識として仕入れること。名画にはたいていドラマがあるから、それを知った上で見てみると、印象はガラリと変わるだろう。ただし、こういう知識先行型は日本人男性に向いているかもしれないが、もう少し自分の感性と対話するような見方もしていただきたい。

そこで二つ目の方法は、予備知識にとらわれずに複数を見比べることだ。一枚の絵画だけを見て感想を求められれば、答えに窮してしまうかもしれない。しかし二枚以上を見て「どちらがいい？」「どれが好き？」と尋ねられれば、即座に答えられるだろう。時間があれば美術館で試してみればいいし、なければ書店で写真集をパラパラめくってみたり、ネット上で画像を探してみたりすればいい。

いわば〝一人トーナメント〟のようなものだから、これを何度も繰り返せば、自分にとって本当に好きな絵画だけが残ることになる。そこには、自身の心象風景も反映されているはずだ。

つまり**「自分を見つめる」という意味で、絵画はたいへん優れた素材になり得る**のである。その画像をスマホやパソコンに取り込み、折を見て眺めれば、その一瞬だけ周囲の喧騒を忘れることができるだろう。

〝マイ修行〟で「菩薩」を目指す

「菩薩」と聞くと、「観音菩薩」のように私たちの日常からほど遠い存在と思われがちだ。しかし、実はそうではない。ブッダ（目覚めた人）になる前の修行者という意味であり、基本的には悟りを得ようとすること、「利他」の精神を追求することを指す。つまり、私たちも「菩薩」を自称できる可能性はあるということだ。

それによって最終的に観音さまのように穏やかな表情になれるなら、試してみる価値はある。四六時中は無理としても、仕事で利他のために尽力したり、ふと我に返って穏やかな気持ちになる瞬間は誰にでもある。そんな瞬間を、もっと意識的に増やしていけばいい。いわば〝マイ修行〟を設定するわけだ。

例えば**営業の仕事であれば、どこまで顧客の意向に沿えるかは、「利他」を追求するという意味で修行に近い。**あるいはお店の経営にしても同様だ。だいたい仕事でうまく行っている人は、修行僧のようにストイックな部分も持っているものである。しかも感情の起伏も小さく、常に前向きで穏やかな表情をしている。こういう人は、「ブッダに近づいている」と見て間違いない。もともとそういう人だったという場合もあるだろうが、仕事を通じて人格が形成されるということも、少なからずあるはずだ。

その境地に達することは、なかなか難しいかもしれない。しかし、心がけることはできる。例えば夜に一日の言動を振り返り、感情のブレや「利他」度をチェックしてみる手がある。「あの人に対する発言はブッダ的だった」「あのときはイライラを抑え切れなかった。菩薩とはいえない」などと毎日繰り返していると、自分の中で評価基準が定まってくる。それは日常の言動に注意を払うきっかけになるだろう。

仕事にかぎった話ではない。修行の機会はプライベートでもつくることができる。例えばスポーツジムに通っているなら、そのトレーニングを修行の一環だと思ってみればいい。最近流行のトレッキングを始めるなら、気分だけは修験者になってみる手もある。

また仏教と親和性の高いスポーツといえば、私はサーフィンだと思っている。ボードをうまく乗りこなすには、とにかく全身を使ってバランスをとることが求められる。

重心がズレれば、たちまち海中に放り出されるだろう。**仏教が重視するのも、まさにバランスだ。けっして極端に走らず、「中道」を貫くことで心を安定させる**のである。サーフィンを通じ、身体感覚として「中道」を理解する意義は大きい。

あるいは、一日一回は周囲の誰かを褒めるとか、しばらく疎遠だった人にメールを出してみる等々、コミュニケーション系の課題を設定してもいいだろう。それで相手が喜んでくれれば、「利他」を実践したことにもなる。

いずれにせよ、ポイントは「修行した」と思えるものを自分なりに用意することだ。そういうものを持っていれば、たとえ日常生活で心を乱されるようなことがあっても、「修行すれば落ち着ける」と思えるようになる。いわば〝心の拠りどころ〟として機能するわけだ。自称菩薩への道は〝マイ修行〟から始まるのである。

思考をシンプルにする

仕事で疲れが溜まっている、という人は少なくない。それも体力的にというより、精神的に参っている場合が多いようだ。神経をすり減らしたり、さんざん頭を使ったわりに結果がともなわなかったりすると、どっと疲れが出る。これは当然の話だ。

しかし、その思考が本当に必要なのか、検証してみる必要はある。**いくら考えても仕方がないのに、ただ逡巡しているだけということもある。**「こうなったらどうしよう」と自ら可能性の低い悲観シナリオを想定して無駄な心配をしたり、「ああすればよかった」といつまでも後悔したりすることが、その典型だ。いずれも思考と時間を浪費するだけで、得られるものは何もない。

一方、傍から見るとたいへんな激務をこなしているのに、疲れを感じさせない人もいる。こういう人は思考がシンプルなのだろう。さんざん考えて結論を出したら、そこから先はもう悩まない。相手に下駄を預けたら、そこから余計な口出しはしない。何かをやると決めたら、迷うことなく一気呵成にやり遂げる。そんなメリハリを利かせれば、たしかに消耗しないだろう。

実はこれは、ブッダの思想にも通じるものがある。例えば前出の『ブッダのことば』には、以下のような文言がある。

〈心が沈んでしまってはいけない。またやたらに多くのことを考えてはいけない。腥《なまぐさ》い臭気なく、こだわることなく、清らかな行いを究極の理想とせよ。〉

やはり、思考をシンプルにしようと説いているわけだ。思考停止まで行くと問題だが、「やる」と決めたらマシーンになって取り組むぐらいの勢いがあってもいいのかもしれない。その上で、ダメになったらもう一度考えればいいと覚悟を決める。要するに、**取り越し苦労と後悔を追放すれば、心はかなり楽になれる**のである。これが、現代における「清らかな行い」ではないだろうか。

私自身、仕事はできるだけシンプルに考えるよう心がけている。本質の部分さえしっかり固めておけば、あとは流れ作業で進められることはよくある。あるいは面倒な作業は「面倒臭いな」と考えるだけで精神衛生上よろしくないので、その前にさっさと片づける。想定よりうまく行かずに後悔することもあるが、終わったものは仕方がないと早めに割り切る。そう自分に言い聞かせることで、仕事量が多くても疲れを溜めないようにしているのである。

ついでにいえば、シンプル思考を実践するために役立つのが手帳だ。仕事上の懸案や心に引っかかっていることをすべて書き出し、まずは考えるべきことの優先順位をつける。とりあえずその第一位をこなせば、まだ二位以下が残っていても、心理的にずいぶん楽になるはずだ。

同時にやるべきは、「考えてもムダ」なことをあぶり出すこと。頭の中でモヤモヤしていたことも、文字にすれば明確になる。それを赤ペンで消去したらもう考えない、というルールを設定すれば、気持ちにケリをつけることができる。つまりは、思考が簡単に整理されるわけだ。今日からでも試してみることをおすすめしたい。もっとも、ブッダが手帳を駆使したかどうかは杳として知れないが。

自己啓発書としての『ブッダのことば』

「この世は苦である」と看破したブッダだが、世の中のすべてをネガティブに捉えていたわけではない。『ブッダのことば』では、例えば「最上の幸福を説いてください」

と求められたブッダが、以下のように答えている。

〈諸々の愚者に親しまないで、諸々の賢者に親しみ、尊敬すべきことを尊敬すること、――これがこよなき幸せである。〉

〈深い学識あり、技術を身につけ、身をつつしむことをよく学び、ことばがみごとであること――これがこよなき幸せである。〉

〈父母につかえること、妻子を愛し護ること、仕事に秩序あり混乱せぬこと――これがこよなき幸せである。〉

ブッダはとにかく「一人で生きよ」と説いたが、自己中心的でいいとは言っていない。賢者と親しんだり尊敬したりすることが幸福の元であるという。よく学び、よく働くことも同様。あるいはブッダは「執着や愛着は捨てよ」とも述べているが、親や妻子への愛情まで否定しているわけではない。

他にもいくつか「こよなき幸せ」の具体例を挙げているが、いずれにせよ、至極真っ当な言葉ばかりである。それらを一読すれば、日常の幸福は意外に身近なところにある、という気がしてくるはずだ。

しかも、これらがあのブッダの肉声に近いと考えれば、重みも増す。たとえ同じことを言われるにしても、ふだん顔を合わせている上司とブッダとでは、説得力がまるで違う。「ブッダの言葉なら真実だろう」「素直にしたがってみよう」と思えるのではないだろうか。これが古典というものの利用価値であり、ありがたみである。

それに、けっして高尚な話ばかりしているわけではない。多くの人からの質問の答えとして話している部分もあるため、実に現実的かつ庶民的だったりする。例えば、有名な「犀の角のようにただ独り歩め」を連呼する場面がある。

〈仲間の中におれば、休むにも、立つにも、行くにも、旅するにも、つねにひとに呼びかけられる。他人に従属しない独立自由を目ざして、犀の角のようにただ独り歩め。〉

〈実に欲望は色とりどりで甘美であり、心に楽しく、種々のかたちで、心を撹乱

する。欲望の対象にはこの患《うれ》いのあることを見て、犀の角のようにただ独り歩め。〉
〈今のひとびとは自分の利益のために交わりを結び、また他人に奉仕する。今日、利益をめざさない友は、得がたい。自分の利益のみを知る人間は、きたならしい。犀の角のようにただ独り歩め。〉

人間関係で悩む人にとっては、開き直れる勇気をもらえるのではないだろうか。あるいは、人によっては耳の痛い苦言を呈されることもある。

〈青春を過ぎた男が、ティンバル果のように盛り上がった乳房のある若い女を誘《ひ》き入れて、かの女についての嫉妬から夜も眠られない、――これは破滅への道である。〉
〈実際には負債があるのに、返済するように督促されると『あなたからの負債はない』といって言い逃れる人、――かれを賤しい人であると知れ。〉

さすがに時代も国も違うため、すべての言葉が今日に当てはまるとはいえない。だがむしろ、人間の煩悩や苦しみがいかに時代も国もなく普遍的かを実感できるに違いない。

カバンに『ブッダのことば』を入れておく

そこでおすすめしたいのが、『ブッダのことば』を読むだけではなく、ふだんからカバンに入れて持ち歩くことだ。あるいは『ブッダの真理のことば　感興のことば』でもいい。

ちょっとした隙間時間にでもパラパラめくってみると、いちいち納得のいく言葉に出会えるだろう。『論語』のように一つ一つの文章が区切られているから、どこから拾い読みしてもかまわない。その意味では、昨今のビジネス書より読みやすいだろう。

一見すると分厚いが、半分は脚注や解説なので臆することはない。

まずは全体を通して読み、中身をざっと頭に入れておく。気に入った言葉があれば、線を引くなり、ページの角を折るなりしておいてもいい。しかし、それだけでブッダの境地に近づくことはまず無理だから、ときどき開いては中身を思い出す。そうやって長くつき合うことが、『ブッダのことば』のみならず古典の理想的な読み方である。

特に効果的なのが、何らかの理由で感情が波立ったときに開くことだ。「文句を言わなければ気が済まない」とか、「何か仕返しをしてやろう」という感情に囚われることは、誰にでもあるだろう。

そういうとき、例えば「貪欲と嫌悪とは自身から生ずる。好きと嫌いと身の毛のよだつこととは、自身から生ずる。諸々の妄想は、自身から生じて心を投げうつ」といった言葉に出会うと、少し冷静に自省してみようという気になれる。あらためて活字に目を通すことで我に返り、心を落ち着かせることができるのである。

むしろ私たちは、仏教がこれほど身近な存在であるにもかかわらず、その源流である原始仏典にはあまりにも無関心だったのではないだろうか。**新鮮な気持ちでブッダの言葉に触れ、呼吸法をはじめとする修行法を試してみると、仏教との新たな関わり方が見えてくるはずだ。**

ただそれは、『般若経』のような大乗仏典を否定するものではない。鎌倉時代に「鎌倉新仏教」としてさまざまな宗派が登場し、大衆の心を救いつつ今日まで発展してきたことは、日本のたいへんな文化である。そんな大河の最初の一滴がどのような姿だったのか、今日の仏教にどういう点が継承されているのか、知っておいて損はないだろう。

結婚・子育ても修行のうち

現代においては、**結婚して子どもを育てることも修行の一つ**ではないだろうか。そもそも他人と一緒に暮らすこと自体、修行のようなものである。さらに子どもを教育し、社会に送り出すことは、たいへんな労働であり喜びでもある。そこから逃げてしまうと、楽な分、人間としての成長も止まってしまう気がする。

実際、長く夫婦生活を送ってきた人は、いろいろな意味で「修行したな」という実感を持っていることだろう。子どもがいればなおさらだ。悟りの境地に至れるかどうかはともかく、人生を賭けた戦いであることは間違いない。

それによく指摘されるとおり、これは大きな社会貢献でもある。今日の日本の繁栄は、今までの世代による不断の努力の賜物だ。長く経済が低迷したわりに豊かに暮らせているのは、まだ余熱が残っているからだろう。

だからといって自分たちの世代だけが暖を取り、冷えきった状態にして次世代にバトンタッチしていいわけではない。喫緊の問題として、莫大な国の借金と超高齢化社会を放置すれば、次世代には「苦」ばかりが残される。それを看過するなら、私たちはあまりにも「無慈悲」な存在ということになる。

その基本的な対策は、次世代の数と質を向上させることしかない。それはまさに、今の世代に課された役割だろう。これは個人の意思ばかりではなく、安心して育てられる環境をつくるという社会全体の課題でもある。

その意味では、財政再建も修行、景気回復も修行といえるだろう。現代において、およそ経済的な困難は「苦」の最たるものだからだ。

第5章

日本に伝わり根づいた仏教

ブッダは人格者だった

ブッダがたいへんな人格者だったことは、想像に難くない。その一端は、有名な入滅のエピソードからもわかるだろう。

齢八〇を過ぎたブッダは、伝道の旅先で貧しい鍛冶屋チュンダから施食を受け、食中毒を起こす。**一口食べた瞬間に身体に悪いと気づいたものの、チュンダの精一杯のもてなしを無にしないために完食した**といわれている。さらに**死の間際まで、「（若き日に悟りを開くきっかけとなった）スジャータの乳粥に匹敵する」と称えた**という。自らの死後、チュンダが後悔したり、周囲から責められたりしないためだ。余人にはなかなか真似のできない、見事な最期といえるだろう。

この行いには、もう一つ大きな意味がある。当時のインドにはカースト制が厳然として存在した。ブッダはもともと最高位のバラモンであり、チュンダは最低位のシュードラだ。社会常識として、シュードラの供したものをバラモンが食べることはあり得なかった。だがブッダは、そんな制度も偏見も軽々と乗り越えてしまう。自らの思想にどこまでも忠実だったわけだ。

その優しさは、人ばかりに注がれたわけではない。**あらゆる生きとし生けるものを平等に扱い、けっして殺生してはならないと説いた。**だからブッダの最期の姿を描いた「釈迦涅槃図」の多くは、横たわるブッダを弟子や信者とともに多く動物たちが取り囲む構図になっている。人間のみならず動物からも慕われた、ということだ。

この**徹底的な平和・平等の精神**は、仏教の大きな特徴だろう。そのせいか、仏教国と呼ばれる国は歴史的に見ても概して好戦的ではない。世界平和を考えるなら、仏教の穏やかな教えはもっと重視されてもいいだろう。

それはともかく、ブッダの死後、仏教は大きく二つに分裂していくことになる。一つは上座部仏教で、ブッダと同様に**出家して修行した者だけが悟りを開ける**と説いた。ブッダの教えを純粋に継承し、戒律を重んじた点に特徴がある。主に伝わった地域はタイやスリランカなど。そのため、南伝仏教と呼ばれることもある。

しかしこれでは、実生活を捨てたごく一部の者しか救われない。そこで生まれたのが大乗仏教で、**在家でも「利他」を心がければ悟りを開ける**と説いた。その原始的な経典が、よく知られる『般若経』や『法華経』などだ。これが主に中国や朝鮮に伝わったことから、北伝仏教とも称される。

そして日本史の教科書にあるとおり、この教えは六世紀前半に日本にも伝来する。以後、今日まで日本人と仏教は密接に関わり合ってきた。本章では、とりわけ大きなインパクトをもたらした三つのエピソードを中心に、日本における仏教の歴史をたどってみることにしよう。

鎌倉新仏教の誕生で仏教は庶民のものに

一つ目は、平安末期から鎌倉時代にかけての、鎌倉新仏教の誕生だ。それまでの仏教は、聖武天皇による奈良の大仏の建立に象徴されるように、時々の為政者が国を平穏に統治するために存在した。仏教は国家を鎮護するという政治的使命を負っていたわけだ。

だが平安末期になると、飢饉や疫病などさまざまな社会不安が発生し、民衆は生きる〝よすが〟を求めた。それに呼応するように、民衆を救うための仏教が次々と生まれたのである。

その典型が、法然の浄土宗であり、親鸞の浄土真宗だ。民衆は仏に導かれたいと真摯に願い、念仏を唱えた。あるいは禅宗や日蓮宗が生まれたのもこの時期だ。それまで**国家のものだった仏教を、民衆がそれぞれ心の拠りどころとして獲得していった**わけだ。

考えてみれば、これが仏教の本来あるべき姿だろう。ブッダは王家から出家して修行の道に入った。その意味では、国という概念からもっとも無縁の存在だ。しかもその教義は、「犀の角のように独り歩め」のように、あくまでも個々人の自覚を前提としている。むしろ、それが国策と結びつくほうが不自然だろう。最初の出会い方としては不幸だったといえるかもしれない。

鎌倉新仏教が登場する前、民衆にとって仏教は必ずしも身近なものではなかった。あるいは「巨大な仏像」でしかなかった。見よう見まねで拝めばご利益があるかもしれない、ぐらいの認識だったかもしれない。つまりは偶像崇拝だ。

だがブッダの教えは「偶像を捨てよ」。それよりも、ひたすら自分自身の中に安定した「心の島」をつくって拠りどころにせよと説いた。偶像を崇拝することは、そういう部分を省略し、自分と向き合わない宗教を信奉することに等しい。それは国家にとって、たいへん都合がよかったはずである。

国家と宗教の結びつきは、西洋でも起きている。キリスト教がローマ帝国で認められ、国教化すると、教会は神の代理人としての地位を確立して強大な権力を手に入れた。それを象徴するのが、いわゆる「カノッサの屈辱」だ。一一世紀、時の教皇グレゴリウス七世に破門を言い渡された神聖ローマ皇帝ハインリッヒ四世は、教皇の滞在するカノッサ城の前で雪の中を三日間にわたって立ち尽くし、許しを乞うたといわれている。

宗教がこれほど大きな権力を持ち、社会に影響を及ぼすようになると、逆に民衆の心は離れていく。教会には通ったとしても、自分の信仰の対象とは捉えなくなるのである。

そこに異を唱えたのが、一六世紀のマルティン・ルターやジャン・カルヴァンなどだ。彼らは、聖書が教会に独占されている状態を問題視した。だから民衆が聖書に出会えず、自分自身のものとして向き合う機会を持てない、というわけだ。

そこでルターは、今まで民衆が読めないラテン語などで書かれていた聖書をドイツ語に翻訳した。またカルヴァンは、各人の仕事を「天から与えられた使命」と捉え、真面目に働くこと自体が神の意思に沿う生き方であると説いた。いずれにせよ、個々人がそれぞれ神に向き合えるよう試みたわけだ。これが初期の宗教改革であり、プロテスタントの誕生につながるのである。

後に社会学者マックス・ヴェーバーは、著書『プロテスタンティズムの倫理と資本主義の精神』の中で、プロテスタントの国ほど資本主義が発達していると指摘し、両者の関係性を解き明かした。平たくいえば、カギは「真面目さ」にある。プロテスタントが「神の意思」として真面目に働けば、必然的にお金は貯まる。それが資本となって、社会全体が拡大再生産されたというわけだ。

日本における仏教の変化も、これとよく似ている。鎌倉新仏教の登場は、ちょうど宗教改革に匹敵するインパクトを日本の民衆とその後の歴史にもたらしたといえるだろう。

鎌倉新仏教の二つの流派――「念仏」系と「座禅」系

鎌倉新仏教は、大きく二つのカテゴリーに分けられる。一つは浄土宗・浄土真宗のように念仏を中心にしたものだ。**「南無阿弥陀仏」と念仏を唱えれば、誰でも極楽浄土に行ける**と説く。

「南無」とは一種の祈りの言葉で、全体では「私は阿弥陀仏に帰依します」という意味になる。いわゆる「他力本願」の発想であり、「自ら修行して心の中に島をつくれ」と説くブッダの本の思想とはずいぶん違う。さらに真宗については、僧侶の妻帯や肉食が許されるなど、戒律もずいぶん緩い。ブッダの説いた仏教とは違うとの見方もあるほどだ。

だが民衆にとってみれば、これほど身近な教えはない。念仏で心が安らぐとすれば、

〝ご利益〟も十分だ。多くの信徒を得たのは、当然といえるかもしれない。

法然や親鸞は苦行や難しい教義より、念仏によってまずは心を安らかにすることを優先した。それは結果的に、ブッダ的な境地に達することにも通じるというわけだ。

実はこれが、他力本願の大きなメリットだ。あらゆる宗教の根本には、自我を開け放すという前提がある。**自力だけでいかようにもなると考えると、そこに思い上がりが生じ、かえって心が乱れたり周囲と軋轢を生んだりする。**しかし、もっと大きな存在を感じることで、謙虚になれたり、救いを求めて心を軽くしたりできるのである。

例えば親鸞の有名な言葉に、「善人なほもて往生をとぐ、いはんや悪人をや」がある。「悪人正機説」を象徴する言葉だが、ここでいう「悪人」とは今日的な意味での悪人ではなく、「煩悩にとらわれた人」といった意味だ。煩悩にとらわれず、他力を必要としない（と思い込んでいる）善人でさえ救われる。まして他力を求める悪人が救われないはずがない、と解釈できるだろう。

だとすれば、私たちの多くは「悪人」である。まずはそれを自覚して謙虚になり、他力を求めなさい、と説いているわけだ。その求め方として「南無阿弥陀仏」が用意されたと考えれば、いかによく練られた宗派であるかがわかるだろう。

鎌倉新仏教のもう一つのカテゴリーは、栄西が初めてもたらした臨済宗、道元による曹洞宗のような禅宗だ。浄土宗などとの最大の違いは、**念仏ではなくあくまでも自ら修行する点にある。**その意味では、上座部仏教的な流れも汲んでいるといえるだろう。

修行の基本は、やはり座禅だ。一環としていわゆる「禅問答」も行うが、メインではない。例えば道元は、「只管打坐《しかんたざ》」を唱えた。何も考えず、求めず、ひたすら座り続けよというものだ。それによって悟りを開こうなどと思う必要もない。**修行することと自体が悟りの中にあるからだ。この考え方を「修証一如《しゅうしょういちにょ》」という。**

それはともかく、今や世界中で「禅＝日本」というイメージが定着している。それは仏教学者の鈴木大拙が『禅と日本文化』を英語で著し、日本の禅文化を海外に紹介したことが大きい。

実際、禅と伝統的な日本文化とは切っても切れない関係にある。もともと禅はインドの達磨大師が中国で広め、それが日本に伝わった。その意味では、日本のオリジナルではない。しかし、日本で整備され、独自の発展を遂げたということだ。

例えば茶道や武士道、柔道など、およそ「道」の付くものは禅の精神に則っている。俳諧や能、多くの美術品などにも、禅の世界観が反映されている。あるいは谷崎潤一郎は随筆『陰翳礼讃』（中公文庫）の中で、日本人は陰や暗い場所で過ごしたからこそ美しい文化を生み出したと説いている。たしかに私たちは、簡素で障子に仕切られた畳の部屋に入ると、とたんに落ち着くことがある。そんな感覚は、まさに禅の精神によって育まれたのではないだろうか。

「即身成仏」を目指した空海

鎌倉新仏教が相次いで生まれる以前にも、仏教界では大きな変化が起きている。最澄の天台宗と空海の真言宗の登場だ。

いずれも密教であり、その教えは特定の弟子にしか伝授されない。もともとは大乗仏教とヒンドゥー教が融合して生まれたため、呪術的な面もある。護摩を焚いたり、呪文（マントラ、真言）を唱えたりするのもその一環だ。禅のように修行的な面と、念仏のように他力的な面が入り混じっているといえるだろう。

だが、目指しているところは大きく違う。例えば浄土宗の場合、死後に極楽浄土へ旅立つために念仏を唱えた。今日でもしばしば死者のことを「仏さん」と称するのは、この影響だろう。その点、例えば**真言宗が目指しているのは「即身成仏」、つまり生きているうちに仏になること**だ。

実は原始仏教の考え方は、後者に近い。生きているからこそ苦しんだり悟ったりするわけで、死ねばすべて無になる、という発想だ。したがって、本来は死者に興味を持たない。今日では考えられないが、葬式にもあまり関わらなかったのである。

あるいは『般若心経』の捉え方も、真言宗は独特だ。一般的に『般若心経』といえば、「色即是空　空即是色」の文言で知られるとおり、「空」を説いたものとされている。これは「実体がない」という意味で、だから前述のとおり、いっさいの執着や観念や欲望を捨てよというわけだ。

しかし空海自身が記した解説書『般若心経秘鍵』によれば、もっとも重要なのは末尾の「羯諦　羯諦　波羅羯諦　波羅僧羯諦　菩提娑婆訶」であるという。これが真言であり、それまでの文言は「とにかくこの真言を唱えれば大丈夫」と説いた、いわば〝前置き〟に過ぎないらしい。

心を鎮めることを仏教用語で「禅定」という。これを得ることが仏教に帰依する大きな目的だ。空海はそれに加えて、正しい知恵を養うことも重要であると説いている。この二つを持つことで、私たちはこの世を乗り切り、彼岸に渡ることができるという。これは現代人にも通用する教えだろう。

なぜ神道と対立しなかったのか

ところで、日本にはもともと八百万の神がいて、その末裔として天皇がいる。ではなぜ、国家は仏教を受け入れ、政治的な使命を負わせたのか。あるいは多くの民衆は、鎌倉新仏教を信奉したのか。ここに矛盾を感じる人もいるだろう。

たしかに天皇は、日本人にとって絶対的な存在だ。もともとは、五穀豊穣を司るのが役割である。生活を支える農耕は、天候が大きく影響する。それを五穀豊穣の神が司っているとすれば、奉って崇め、場合によっては雨乞いなどの祈りを捧げるのは当然だろう。例えば天照大神といえば、文字どおり太陽神のようなものである。太陽がすべてのエネルギーの根源だとすれば、祈らずにはいられない。こういう素朴な宗教観を、日本人は自然に持っていたらしい。

そこで行われたのが大嘗祭だ。天皇が神官となって神と交わり、民衆の声を神に届ける。だから日本人にとって、天皇はかけがえのない存在なのである。

だとすれば、やはり仏教とは相容れないはずだ。前述のとおり、ブッダの基本的な考え方は「自分自身を拠りどころにして悟れ」である。そもそも神は存在しないし、雨乞いも宗旨が違う。いっさいの権威を認めないという意味では、いわば無政府主義でもある。それは天皇の否定につながるだろう。

とはいえ、仏教は神道に敵対する異教として入ってきたわけではない。神道はもともと多神教であり、他の神々に対して寛容だ。仏教も〝八百万〟の一つとして受け入れられたのである。さらに、これを政治的に利用できるよう図ったのが聖徳太子だ。

「一七条の憲法」の中には、「篤く三宝を敬え。三宝とは仏法僧なり」との文言がある。あるいは聖武天皇のように、自ら仏教に帰依する天皇も現れた。

以後、江戸時代末期まで、両者はゆっくりと時間をかけて融合を図っていくことになる。これがいわゆる「神仏習合（神仏混淆）」であり、神社の敷地内に寺院のある「神宮寺」はその象徴的な存在だ。

おそらく、仮に仏教が国内で普及しても、天皇の立場は揺るがないと確信していたのだろう。それだけ天皇は宗教的な思想や矛盾を超越した存在だったということだ。むしろ仏像のようなモニュメントを提示し、天皇がそこに手を合わせることで、民心を掌握しやすくなると考えたのかもしれない。

だが明治初期、この協調関係は「廃仏毀釈」という形で崩壊することになる。これが、その後の日本の針路までも大きく狂わせてしまったと私は考えている。この点については、後に詳述する。

寺請制度で仏教は国教に

日本人と仏教にまつわる二つ目の大きなエピソードは、江戸時代初期の檀家制度の確立だ。

幕府は一六一二年から相次いで禁教令を発布し、キリスト教の布教や信仰を全面的に禁じた。これに反発したキリシタンが一六三七年に島原の乱を起こすと、幕府はキリスト教への取り締まりをさらに徹底した。そこで行われたのが、「宗門改め」だ。すべての人がいずれかの仏教宗派に属する（檀家になる）よう義務づけたのである。寺院が発行する寺請証文を持つことで、個々人は自分がキリシタンではないことを証明したことから、これを「寺請制度」という。

これにより、仏教は事実上の国教になった。それが幕府の安泰につながったことは間違いないが、その後の寺院と日本人の生活にも多大な変化をもたらした。まず寺院は、黙っていても檀家が集まるようになったため、積極的な布教活動をする必要がなくなった。幕府によって新しい寺院の建立や他信徒への勧誘が禁止されたことも、これに拍車をかけた。つまりは無競争状態になったわけだ。

しかも寺請証文を発行する権利を持つため、立場的には檀家より強い。そこで、本来は仏教の仕事ではないはずの檀家の葬式などを取り仕切ることで、自在にお布施を稼ぐようになる。いわゆる「葬式仏教」の誕生である。

また民衆にとっても、寺院は冠婚葬祭に欠かせない存在になった。その関係が、今日まで続いているのである。自覚しているかどうかはともかく、今の日本人の多くも、家単位で仏教のいずれかの宗派に所属しているはずだ。そのルーツをたどると、たいてい江戸時代の寺請制度に行き着くのではないだろうか。

勤勉は修行に通じる

同じく江戸時代初期には、仏教にとって画期的な思想が登場している。禅僧の鈴木正三《しょうさん》が「**世俗で真面目に働くこと自体が仏になる道である**」という、「世行即仏行」

を提唱したのである。日本史の教科書ではけっして目立たないが、これが「勤勉な日本人」と仏教との関係に言及した初めての論考だろう。

前述したとおり、キリスト教の世界ではルターやカルヴァンの宗教改革によってプロテスタントが生まれ、職業を天職（ベルーフ）と捉える価値観が生まれた。それが資本主義を異教の地より発展させたと看破したのが、社会学マックス・ヴェーバーである。宗教の違いはあるものの、鈴木もほぼ同じ発想を持っていたということだ。

たしかに私たちは、働くことによって心を鍛えられる面がある。むしろ心が落ち着いていなければ、結果を出すことは難しい。その時々では辛くても、後になって振返ってみると「いい経験だった」と思うことも少なくない。そんな経験の蓄積が、能力を高めるとともに精神面を強くしてくれる。あるいは作業に没頭して、あっという間に時間が過ぎてしまうこともある。これらは結局、仏門に入って禅を組む修行と同義であるというのが、正三の考え方だ。

実際、仏門での修行も、日常的な作業と一体となっているらしい。野々村馨さんの体験的ノンフィクション『食う寝る坐る永平寺修行記』（新潮文庫）によれば、作業のみならず箸の上げ下ろしや立ち居振る舞いに至るまで、実に細かい作法があるという。そこまで自分を律することが修行であり、心を整えることにつながるらしい。あるいは精神療法として知られる「森田療法」も、とにかく何らかの作業に従事させることが治療の基本だ。内側に思い詰めた気持ちを、外側に向けて楽にさせるという意味があるのだろう。

これらの延長線上で考えるなら、実は日本の社会自体がかなり修行的ともいえそうだ。電車のダイヤは過密ながらきわめて正確であり、「メイド・イン・ジャパン」といえば高品質の代名詞だ。接客業はどんな店でもたいてい親切で愛想がいい。街の中も概して清潔で、公衆トイレまでよく清掃されている。

それはおそらく、近代の資本主義による効率化・合理化だけが要因ではない。「きっちり仕事をしたい」「整えて美しくしたい」という、さながら修行僧のようなマインドを誰もが持ち合わせているためではないだろうか。

言い換えるなら、**日本人は忙しく働く日々の中で、仏への道を見出せる**ということだ。「何のために働くか」の答えが「お金のため」だけでは、あまりにも寂しい。かといって「誰かのため」「社会貢献」という答えにも実感が持てないとしたら、「自分の修行のため」と考えてみてはいかがだろう。それはいわゆる「仕事」のみならず、家事や育児も同様だ。

歴史の中にすっかり埋もれた感のある鈴木正三の思想だが、あらためて光を当ててみる価値がありそうだ。

「廃仏毀釈」が傲慢さを生んだ

第三のエピソードは、明治維新直後からの「廃仏毀釈」だ。文字どおり、仏を廃して釈尊（ブッダ）の教えを壊すという意味である。

中央集権国家を早急につくる必要に迫られた明治新政府は、「王政復古」を掲げて神道を国教化しようと図る。そのため「神仏分離令」を発令し、それまで「神仏習合」によって一体化していた神社と寺院を切り離した。

背景にあるのは、国学者の平田篤胤などの思想だ。それまで事実上の国教だった仏教は、もとをたどればインドや中国からもたらされた異教であり、日本オリジナルの神道とは相容れない。日本をつくり直すなら、宗教も古来の神道を柱に据えるべき、というわけだ。

政府が企図したのはここまでだったが、さらに民衆がここぞとばかり寺院や仏像等を破壊・焼却。これが全国に広がり、仏教への全面的な抑圧・排斥運動に発展した。こういうドラスティックな動きは、比較的平穏な日本史の中では珍しいだろう。

前述の「寺請制度」により、江戸時代の寺院は安穏な日々を送っていた。だがそれは、裏を返せば檀家の負担の上に成り立っていたということだ。その不満が、一気に爆発したのだろう。いずれにせよ、日本における長い仏教の歴史の中で、最大の危機を迎えることになる。

また民衆にとっても、この変化は多大なインパクトをもたらしたに違いない。江戸時代以前からそれぞれの家に伝わる「家訓」を見ると、かならず共通しているのが「神仏を敬え」だ。神だけでも仏だけでもなく、常に「神仏」でワンセットなのである。これは武家でも商家でも同じだ。

ところが、明治政府は神だけを特別視し、仏との差別化を図った。昨今では忘れられがちだが、私はこれを、歴史上でも稀な大失敗だったと思う。日本人の信仰心だけではなく、それまで積み上げてきた穏やかな国民性までも破壊するきっかけになった可能性があるからだ。

日本人にとっての「神仏」の中には、例えば太陽や山、海なども含まれる。あらゆるものが信仰や崇拝の対象になり、だからこそ謙虚な気持ちも育まれた。あるいは仏教の教えにあるように、あらゆる生きとし生けるものを平等に扱い、愛でる感情も生まれた。

だが神道だけに限定すると、日本人はたちまち「神の国」のスペシャルな民族になってしまう。そこから傲慢さが芽生えたとしても、不思議ではない。だからその後、帝国主義の波に乗って大陸に進出し、結果として大陸にも国内にもたいへんな惨禍をもたらしたと考えるのは、穿ちすぎだろうか。

先の太平洋戦争は今日も日本に大きな禍根を残している。もし仏教の教えが日本人の骨の髄まで染み込んでいたら、こういう道はたどらなかったかもしれない。どこかで謙虚さを思い出し、戦争はブッダの説く「平等」や「利他」の精神に反することに気づいた可能性もあるだろう。

一方で、仏教には、もともと静観主義の側面があり、国家の方向性を積極的には批判しない傾向があったのも事実だ。

鎌倉新仏教の台頭によって日本人は庶民レベルで仏教に親しむようになった。念仏を唱えたり、禅を組んだりといった習慣が生活に組み込まれたわけだ。以後、「神仏習合」や「廃仏毀釈」といった紆余曲折を経つつ、一〇〇〇年近くにわたって仏教は日本人の身近にあった。

だが戦後、すっかり力を失った神道に代わり、ふたたび仏教が脚光を浴びたかといえば、そうではない。高度経済成長による生活のアメリカ化、核家族化が進んだことにより、家庭から宗教色が消えた。たしかに都市部のマンション暮らしでは、仏壇を持つことすら難しい。だから日常的に仏様を意識する機会もなくなり、自然と仏教から遠ざかってしまったのである。

これは、たいへんな文化の喪失ではないだろうか。心の安定を得るためにも、ひいては世の中を安定させるためにも、私たちはもっと仏教を知る必要がある。信仰というより素養として、持っていて損はないはずだ。

「輪廻思想」はブッダの〝方便〟だった？

ところで、ブッダの教えはいわゆる「輪廻思想」を前提にしている。これはインドに古くから伝わる考え方で、人間には現世の他に前世と来世があると説く。人生そのものは「苦」だが、それを宿業のように生まれ変わって永遠に繰り返す、というわけだ。

ブッダの説く〝悟り〟とは、輪廻のサイクルから脱することを指す。だから修行して、その特権を手に入れよう、となるのである。ちなみにブッダは現実世界と悟りの境地の間には大河があると想定し、前者を「此岸」、後者を「彼岸」と呼んだ。日本で「彼岸」といえば先祖を供養する日として定着しているが、これは日本だけの習慣だ。

とはいうものの、輪廻が本当にあるか否かは誰にもわからない。まして日本人の場合、本気で信じている人は少ないだろう。だとすれば、輪廻から逃れられるというブッダのメッセージにも現実味を感じられないはずだ。輪廻思想を信じなければ仏教は理解できない、という話にもなりかねない。そこは厳密に考えず、現代風にアレンジして捉えたほうがいいだろう。

むしろ懸念すべきは、輪廻思想が悪用されることだ。いわゆる霊感商法などは典型だろう。もっともらしく仏教を語り、「前世の悪行の祟り」とか「このままでは来世が浮かばれない」などと脅しつける手口はよくある。ある種のオカルトであり、誰にも検証・反証できないだけにタチが悪い。かつてのオウム真理教も、勧誘の際に「悟れば輪廻から逃れて超人になれる」と説得していたらしい。

だがそもそも、ブッダが輪廻思想を信じていたとは考えにくい。まして、人にオカルトを説くこともなかった。**とにかく自分を律して真摯に生きよ、前世も来世も関係ない**というのが、ブッダの考え方の根幹だったはずである。

ではなぜ、わざわざ輪廻思想を持ちだしたのか。原始仏典の翻訳を多く手がけられた中村元先生によれば、それは**社会にある既存の習慣や信仰を否定しないため**だったという。仮に、頭ごなしに「来世などあり得ない」と説いたとすれば、それが説得的だったとしても反発を買っていただろう。だから、まずは民衆と同じ土俵に立ち、「でもこういう考え方もできますよね」と少しずつ換骨奪胎し、自分の思想に誘導しようとした、というわけだ。

たしかに、とりあえず来世をあるものとして、例えば「おそれる必要はない」「今を懸命に生きることがだいじ」と説いたとすれば、無理なくブッダの思想に近づけることができる。誰もが信じる輪廻思想を、いわば方便として利用したといえるだろう。

実は同じ手法を、ブッダはカースト制度に対しても使っている。本来は世襲によって保証されているバラモンの地位も、以下のように解釈しているのである。

〈螺髪を結っているからバラモンなのではない。氏姓によってバラモンなのでもない。生れによってバラモンなのでもない。真実と理法とをまもる人は、安楽である。かれこそ（真の）バラモンなのである。〉

（『ブッダの真理のことば　感興のことば』）

当時としては、画期的な宣言だったに違いない。ただし、バラモンの存在自体は否定していない。むしろ出自に関係なく、誰でも修行を積めばバラモンになれると説いた点がミソだ。その時点で、身分差別は意味を失うのである。

周知のとおり、カースト制度は今日のインド社会にも色濃く残っている。もし、仏教がインドで広まっていたら、様相は大きく異なっていただろう。

日本は「中道」を貫いたから豊かになれた

仏教の基本的な考え方の一つに、「中道」がある。文字どおり、中間あたりに解があるという穏やかな思想だ。もともとブッダは苦行で得られるものはないと判断し、かといって快楽に走るわけでもなく、一人静かに瞑想することで悟りを得た。これがまさに中道の思想である。

ただし、**単純にまん中を選ぶという意味ではない。**最初から「この道しかない」と決めてかかるわけでもない。その時々で最適の道を選択するということだ。**デコボコの斜面に水を流すと、蛇行しながら自ら進むべき道を探していく。**そんなイメージではないだろうか。

そんなブッダの思想は、以下の言葉からも窺えよう。

〈これらの偏見を固執して、「これのみが真実である」と宣説する人々、――かれらはすべて他人からの非難を招く。また、それについて（一部の人々から）称讃を博するだけである。〉

〈（たとい称讃を得たとしても）それは僅かなものであって、平安を得ることはできない。論争の結果は（称讃と非難との）二つだけである、とわたくしは説く。この道理を見ても、汝らは、無論争の境地を安穏であると観じて、論争をしてはならない。〉

（『ブッダのことば』）

考えてみれば、日本の歴史は一部の時代を除いてずっと中道を貫いてきた。天皇はいても絶対王政にはならなかったし、民衆の間に不満や不安はあっても市民革命には至っていない。きわめつけは戦後復興期から高度成長期で、資本主義を標榜しながら社会主義的な要素を社会システムの中にふんだんに盛り込んだ。おかげで「一億総中流」が実現し、「世界史上もっとも成功した社会主義国家」と揶揄されたほどだ。

これは、そのときどきに是々非々で対応してきた結果だろう。悪くいえばリーダーシップの不在、または場当たり的だったわけだが、それだけ柔軟性が高かったということでもある。ある意味でブッダ的な歴史を歩んできたといえるだろう。それが繁栄の一因だったことは間違いない。

ところが九〇年代以降、そんな特徴が失われつつあるように思える。「グローバル化」のようなスローガンの下、経済システムにしろ会社組織にしろ、とにかく米国流の競争原理を導入しなければ生き残れないという風潮が生まれた。

ではそれによって世の中は良くなったかといえば、そう実感している人は少ないのではないだろうか。格差は拡大し、リストラも茶飯事になり、社会全体に虚しさが漂うようになった。ブッダ的な柔軟さ、鷹揚さが失われた感がある。

もちろん、高度経済成長はもう二度と望めないだろうから、当時のシステムが今日に通用するとは思えない。かといって他国のルールがそのまま日本に通用するはずもない。**思考を硬直させず、あらためて時代に合ったシステムを構築するような、中道の知恵が求められよう。**

仏教の影響で日本は中道になったという面はあるが、日本人の民族的な気質が、もともと中道だったから仏教が浸透したという面も強い。日本人と仏教は親和性が高いのである。

第6章

仏教をより詳しく知るためのブックガイド

仏教をざっくり理解する

■『史上最強　図解仏教入門』（保坂俊司監修、ナツメ社）

仏教の歴史を、見開き二ページに一テーマずつ、文字どおり図解とともに解説している。釈迦が悟りを開くところから始まり、仏教がいかにして世界に広がったのか、いかにして日本に入って来たのか、そして飛鳥時代、奈良時代、鎌倉新仏教を経て現代に至るまでを概観できる。同時に日本仏教が生んだ複数の名僧たちも紹介している。これ一冊読めば、およそ仏教とはどういうものかがわかるだろう。

日本人の中には、「仏教は奥深くてわかりにくい」というイメージが少なからずある。一方で、「自分はそこそこ知っている」という思い込みもある。これらが、仏教を理解する妨げになっていることは間違いない。その点、こういう入門書をざっと眺めれば、誤解を解くきっかけになるはずだ。

■『図解　ブッダの教え』（田上太秀監修、西東社）

同じく見開き二ページに一テーマずつ取り上げた一冊。とりわけ始祖であるゴータマ・ブッダについて詳しく解説している。ブッダの出身であるサーキャ族（釈迦族）を紹介したり、家系図を掲載したりといった具合だ。

釈迦族は主にバラモン教徒であり、その哲学がブッダの思想にも少なからぬ影響を及ぼしている。そこで、バラモン教と仏教の関係にも言及しつつ、ブッダが悟りに至るまでの経緯について詳しく記述している。特に仏教の起こりについて、ざっくり知るには最適だろう。

私たちは学生時代、それなりに日本史を勉強してきた。その中には、仏教が日本の政治や文化に与えた影響等も含まれていた。だが仏教の本質を知るには、あまりにも不十分である。それに、馴染みのない人が抵抗なく読めて、「仏教といえばこれ一冊」と呼べるような教科書的な本もなかなか存在しない。

その中にあって、同書と前掲書の二冊は比較的敷居が低く、図解が多いので視覚的に理解しやすい。入門書として、とりあえず十分だろう。

■『ブッダの人と思想』（中村元・田辺祥二著、NHKブックス）

ゴータマ・ブッダとはどういう人物だったのか、やや学問的に知りたい場合に最適だ。「悪魔との対話」や苦行を越えて悟っていくプロセス、あるいは「慈悲」の意味などについて、本格的な原文訳を交えつつ、比較的読みやすい形で説いている。

そもそも「ブッダ」とは、「目覚めた人」という意味である。同書はそこから出発し、ブッダの生涯をたどるとともに、仏教の倫理観にも言及する。

昨今、仏教をあらためて学ぼうという場合には、ブッダの元の教えに戻って確認する傾向がある。つまり原始仏典が人気を呼んでいるわけだ。同書は、そのニーズに応えてくれるだろう。

類書として『ゴータマは、いかにしてブッダとなったのか』（佐々木閑、NHK出版新書）もおもしろい。仏教者の組織のことを「サンガ」というが、仏教が一大宗教になり得た要因は、この組織づくりにあったという。あるいは弟子との逸話や、上座部仏教から大乗仏教が生まれた経緯など、大きく六つのテーマに整理して紹介している。

あるいは『ブッダの生涯』（ジャン・ボワスリエ著、創元社「知の再発見双書」）も、図版満載でおもしろい。ちなみに同シリーズには、アレキサンダー大王やインカ帝国、イエス・キリストを取り上げたものもある。

■『仏教、本当の教え』（植木雅俊著、中公新書）

世界史の観点から仏教を捉えた一冊。インドから中国へ、中国から日本へ、ブッダの教えがどのようにして伝わってきたかを考察している。インドで使われていた仏教のサンスクリットの言葉は、中国で漢訳（漢字に翻訳すること）された時点で意味が変わっているという。

そのキーマンが、鳩摩羅什《クマラジーヴァ》という漢訳の天才だ。彼のおかげで、私たちは仏教を漢字で学べる反面、本来の意味を失わせることにもなっている。例えば「菩薩」といえば、私たちは容易に「菩薩さま」の像を連想する。だがこれは、修行者を指す「ボーディー」に漢字を当てたものであり、「菩薩さま」のイメージとはやや違う。あるいは「般若心経」には「舎利子」という言葉が登場するが、これはブッダの高弟である

「シャーリープトラ」の当て字だ。しかし「色即是空」のようなしっかり意味のある漢字と混じることで、区別がつきにくくなっている。

こうした事例は少なからずあり、さらに日本に入ってきた時点でまた意味のズレたものがあるという。ちなみに同書の帯には、「2500年、5000キロを越えて」とある。たしかに、仏教のような奥深い考え方が、よくぞこれだけの時空を超えて伝わってきたものである。そこには、先人たちの不断の努力があったわけだ。

なお、日本での仏教史を知るなら、『日本仏教の可能性』(末木文美士著、新潮文庫)が手軽でいいだろう。

■『仏教とは何か』(山折哲雄著、中公新書)

ブッダや仏教について総合的に把握するなら、この本が最適だ。日本の宗教哲学研究の第一人者である山折先生が、日本人にとっての仏教という観点でほどよく全体を見渡している。「空」とは何かといった仏教の根本から、日本仏教の個性や現代との接点まで言及。一級の日本人論でもある。

■『阿含経典1～3』（増谷文雄訳、ちくま学芸文庫）

仏教の源流を知るなら、『阿含経』を繙けばいい。これは原始の仏典であり、ブッダの言葉をもっとも忠実に残しているといわれている。同書はたいへん読みやすい日本語に訳されているため、仏典に馴染みのない人でも理解しやすいだろう。

同じくブッダの言葉をまとめたのが、『ブッダのことば』（中村元訳、岩波文庫）だ。同じシリーズとして、『ブッダの真理のことば　感興のことば』『ブッダ神々との対話』『ブッダ悪魔との対話』などもある。興味のある人は、是非全巻揃えていただきたい。『阿含経典』とは内容的に異なるが、いずれもブッダの〝肉声〟に触れることができるだろう。

寺・仏像から仏教に迫る

■『土門拳　古寺を訪ねて』全四巻（土門拳著、小学館文庫）

仏教には、仏閣や仏像など文化遺跡としての側面もある。それらを鑑賞したり、その造形の意味やつくられた背景を理解したりするのもおもしろい。

ただし、そもそもブッダは偶像崇拝を好まなかった。その意味で、仏像と原始仏教とは相容れない。だがその表情や佇まいは、仏教の考え方を雄弁に物語っている。難しい経典を読むより、はるかに理解が進むだろう。

そんな仏像の魅力を余すところなく知るには、『土門拳　古寺巡禮』（美術出版社）が随一だ。日本を代表する写真家の土門にとって、仏像の撮影はライフワークだった。角度や光の当て具合によるのだろうが、土門が撮った仏像は、いずれも深く静謐な悟りを開いているように見える。その神々しさは、実物を上回るかもしれない。

ただ同書は豪華な大型本であり、個人では入手しづらい。手元に置いて手軽に眺めるなら、ここに挙げた文庫本でも十分だろう。

■『古寺巡礼』（和辻哲郎著、岩波文庫）

日本の哲学界の巨匠である和辻哲郎が、二〇代のときに飛鳥・奈良の古美術や建築を巡り、印象を書き留めたものだ。きわめて知的であり、同時に美に対する感性も研ぎ澄まされている。飛鳥・奈良を旅して仏像を見る機会があれば、その前に一読することをおすすめしたい。より深いレベルで鑑賞できるはずだ。

■『大和古寺風物詩』（亀井勝一郎著、新潮文庫）

飛鳥時代の古い寺を巡りながら、日本人の心のふるさとについて考察する一冊。作家・亀井勝一郎の代表作だ。初版の刊行は一九五三年だから、かれこれ六〇年以上も書籍としての命脈を保っていることになる。その意味でも、多くの日本人の心を捉えた一級のガイドブックといえるだろう。

■『見仏記』（いとうせいこう・みうらじゅん著、角川文庫）

「仏像を見るのが趣味」という二方による道中記。一般の解説書のような堅苦しさもないし、さすがにコメントも独創的だ。その発想の飛躍に、きっと驚かされることだろう。

同じく気楽に読めるという意味では、『仏像のひみつ』（山本勉著、朝日出版社）もいい。大きなイラストを掲載し、たいへん読みやすく構成されている。

般若心経は何を語っているのか

■『般若心経 金剛般若経』(中村元・紀野一義訳註、岩波文庫)

私たちにとってもっとも馴染みのある経典といえば、般若心経だろう。ひたすら唱えるだけでも〝ご利益〟がありそうだが、その内容を知れば、仏教をもっと身近に感じられるに違いない。

仏教の基本は「空」を説くことにある。これを「中観」といい、特に大乗仏教の世界では、時代を経るとともに空の理論が充実した。そのエッセンスをコンパクトにまとめたものとして、般若心経が注目されるようになったのである。

その内容を理解するためのもっとも基本的なテキストが、この本である。翻訳が現代風でわかりやすい上、言葉の解釈の説明も丁寧だ。例えば「色即是空」の「色」とは、サンスクリット語「ルーパ」の訳であり、「物質的現象として存在するもの」を指すという。あるいは「空」は同じく「シューニャター」の訳で、「何もない状態」をいう。つまり「色即是空」とは、すべての現象は関係性の中にあり、常に変化しているから、固定的なものは存在しない、という考え方を表しているわけだ。

なお、セットで取り上げられている「金剛般若経」は、般若心経の中身をもう少し詳しく説明する聖典だ。そもそも「般若」とは「空を説く聖典」を指すが、般若心経は短い文の中に凝縮しすぎているため、いささかわかりにくい。そこで金剛般若経を合わせて読めば、「空」の考え方をより理解しやすくなるはずだ。

■『ポケット般若心経』（ひろさちや著、講談社）

般若心経を扱った本は数々あるが、同書の特徴は読経のCDが付いていることだ。それも比叡山延暦寺（天台宗）、高野山金剛峰寺（真言宗）、大本山建長寺（臨済宗）の三本山のものと、サンスクリット語によるものの四種類が収録されている。これらを聞きながら、一緒に声に出してみることをおすすめしたい。

■『般若心経絵本』（諸橋精光著、小学館）

文字どおり般若心経の世界観を絵で表現した一冊だが、その描写がいい。あらゆる生命は大海から生まれ、また大海に帰っていく。しかし大海そのものは永遠に存在するから、いつかまた生まれる。私たちはそういう存在だから、この世に生きた証をことさらに求める必要も、死をことさらに恐れる必要もない。そんなメッセージが伝わってくる。

たいへん読みやすい構成になっているので、小学生でも馴染めるかもしれない。般若心経の絵本といえば、『生きて死ぬ智慧』（柳澤桂子著、堀文子画、小学館）というベストセラーもある。生命科学者と日本画家の手によるもので、「宇宙は粒子に満ちています　粒子は自由に動き回って　形を変えて　おたがいの関係の安定したところで静止します」のように科学的な解釈を交えて訳しているところに特徴がある。

■『般若心経入門』（ダライ・ラマ一四世テンジン・ギャツォ著、宮坂宥洪訳、春秋社）

ダライ・ラマといえば、チベット仏教最高位の僧侶だ。一見すると般若心経とは縁遠いようにも思えるが、実はそうではない。同書を読めば、いかに般若心経がすべての仏教世界に共通する古典になっているかがわかる。

般若心経の有名な末尾「ぎゃーていぎゃーていはーらぎゃーてい」は、よく「越えて行け行け越えて行け」と訳される。しかしダライ・ラマによれば、もっと具体的に「実体に惑わされず、輪廻を越えて涅槃の場に行きなさい」というメッセージであるという。

■『空海　般若心経秘鍵』（加藤精一編、角川ソフィア文庫）

真言宗の始祖である空海によれば、般若心経は密教の経典でもあるという。般若心経は、終盤までずっと理屈を並べた上で、最後に「ぎゃーていぎゃーていはーらぎゃーてい」の一言を唱えればいいのだ、という構成になっている。この一言が、密教で言うマントラ（真言）である、というわけだ。

だいたい弘法大師の考え方を文庫本で手軽に読めること自体、たいへんすばらしいことではないだろうか。

禅の世界を知る

■『禅と日本文化』（鈴木大拙著、北川桃雄訳、岩波新書）

言うまでもなく、禅と日本文化はたいへん馴染みが深い。例えば美術品や武道、茶道、俳句などと禅が浅からぬ関係にあることを、日本人は感覚としてわかっているはずだ。だから日本人の場合、禅を手掛かりにして仏教に入門するのがもっとも自然な道筋かもしれない。

そんな禅を英文で世界に紹介したのが鈴木大拙であり、それを日本語に翻訳したのがこの本である。発刊は一九四〇年だから、岩波新書の中でもたいへんなロングセラーだ。ちなみに当時、哲学者の西田幾多郎もこの本に推薦文を寄せている。それだけ歴史的価値の高い本といえるだろう。

せっかく日本文化というものを知っている私たちは、それが禅とどう結びついているか、知っておいて損はないはずだ。

■『**無心ということ**』(**鈴木大拙著、角川ソフィア文庫**)

同じく鈴木大拙の一九五〇年の著書だが、近年文庫化されてよく売れているという。私たちはよく「無心になれ」という言い方をするが、そう簡単になれるものではない。その点、同書は多くの禅僧をはじめ、さまざまな仏教の教えを繙きながら、「無心」の意味を解き明かそうとしている。心の平静を保つ一助として、たしかに現代人必読の書といえるかもしれない。

■『**禅マインド ビギナーズ・マインド**』(**鈴木俊隆著、松永太郎訳、サンガ新書**)

禅を英語で海外に紹介したのは、「二人のスズキ」といわれている。一人は前出の鈴木大拙、もう一人は曹洞宗の僧侶である鈴木俊隆《しゅんりゅう》だ。一九五九年に五五歳で渡米し、禅の普及に努めた。その講話をまとめた著書も刊行されたが、それを翻訳したのがこの本だ。

ちょうど一九六〇年代以降、アメリカでは西海岸を中心に「カウンターカルチャー」が大ブームになっていた。西洋の近代化に〝対抗〟し、もっと人間性に目を向けようという〝文化〟だ。その流れで東洋文化に注目が集まり、鈴木俊隆による禅の講話も受け入れられたのである。

例えば、かのスティーブ・ジョブズが禅に傾注していたことは有名だろう。あるいは米プロバスケットボール（NBA）の名将フィル・ジャクソンも、指導に禅を取り入れて〝禅マスター〟と呼ばれるほど造詣が深かった。

つまり、ある世代のアメリカ人は、キリスト教国であるにもかかわらず禅の洗礼を受けているわけだ。おかげで、今でも日本の若者よりずっと禅に対して親近感を抱いている。それはちょうど、やはりカウンターカルチャーの象徴であるロック音楽に親しむ感覚に近いかもしれない。一見すると両者は対極的に見えるが、「縛られたくない」「精神を解放して新たな境地を会得したい」という思想では通底している、ということだろう。

■『十牛図――自己の現象学』（上田閑照・柳田聖山著、ちくま学芸文庫）

禅で悟りに至るプロセスを表したものに、「十牛図」がある。牛を探そうと志し、見つけて手懐けて連れて帰り、いつしか牛の存在も世の中のすべても忘れ、自然と一体になり、街へ出て子どもと遊ぶ、という姿を一〇枚の絵で描いたものだ。

ここに登場する牛は、自分が持つエネルギーの比喩だろう。たいへん力強いが、なかなか自分の思いどおりにはならない。それに綱をつけて制御した末に悟りを開き、それを、次代を担う子どもに伝える、というわけだ。「本当の自分とは何か」を考える手引きのようなものといえるだろう。それを解説したのが、この本だ。

ちなみに、仏教の教えの中では、よく比喩として馬と御者が登場する。情動や欲望を暴れ馬になぞらえ、それを御者のように制御しなさい、といった具合だ。

■『剣と禅』（大森曹玄著、春秋社）

かつての日本人にとって、剣はきわめて大事なものだった。この本は、数々の剣術家たちがいかにして修行を行い、剣術を体得したかを説く。その最終的な境地は、かならず禅に通じるという。

同じく武術と禅の関係をテーマにしているのが、「はじめに」でも触れた『弓と禅』

（オイゲン・ヘリゲル、福村出版）だ。ドイツ人哲学者である著者が弓道の修行を通じて禅の奥義を学んでいくプロセスが、たいへん興味深く描かれている。

■『五輪書』（宮本武蔵著、鎌田茂雄全訳注、講談社学術文庫）

あまりにも有名なこの本も、剣の道と仏教の悟りとを重ね合わせて書かれている。例えば、剣術では力みのないやわらかな動きが重要であるという。それには、どんな状況でも心を乱さないことが必須だ。それはまさに悟りの境地ということでもある。多くは剣術に関する記述だが、仏教との関係についての洞察も深い。日本人なら、ぜひ一度は目を通してみることをおすすめしたい。

■『禅宣言』（OSHO著、市民出版社）

著者のOSHOは、仏教のみならず、キリスト教やイスラム教を含むさまざまな宗教の解説を行ってきた人物だ。そういう行いを通じて宗教の根幹とは何かを追求し続け、それが結局は「光明を得る」という個人的な体験であると思い至る。言い換えるなら、「神」の設定にも偶像崇拝にも意味がないと考えたわけだ。そのため、入国禁止になっている国も少なからずあるらしい。しかし著書を読むかぎり、けっしてデタラメな主張をしているわけではない。

そのOSHOが最後に行った講話が「禅マニュフェスト」であり、それをまとめたのがこの本だ。たしかに禅は自分と向き合うことであり、そこに神は存在しない。その意味で、OSHOの生涯を象徴する講話といえるだろう。禅を身につけたとき、私たちは根本的に自由になれるのではないかと思わせてくれる一冊だ。

■『正法眼蔵随聞記』（山崎正一全訳注、講談社学術文庫）

曹洞宗の開祖である道元禅師の弟子・懐奘《えじょう》が、ずっと道元に寄り添って言葉を記録したのが『正法眼蔵随聞記』だ。ちなみに講談社学術文庫だけではなく、岩波文庫やちくま学芸文庫にもある。

中身は、『学問のすすめ』の道元版といった感がある。「とにかく仏道を勉強せよ」「精進せよ」と説き、「そうすればかならず思いは遂げられる」と励ます。そういうメッセージの繰り返しだ。

私はこの本を東京で浪人生活を送っていたころに読み耽り、たいへん勇気づけられた覚えがある。ここでいう勉強の対象は仏教だが、単に知識や情報を仕入れればよいと説いているわけではない。さすがに禅の道らしく、自分の身体でわかることを重んじている。私はそこに、おおいに共感したのである。おかげで受験勉強はなかなか捗らなかったが、いい時期に出会えたと思っている。

なお、こういう〝古文〟を読むにはコツがある。原文は格調高いが、その読解にこだわると、途中で疲れてしまうおそれがある。まずは現代語訳を読み、その段落ごとに原文を読めば、無理なく理解できるだろう。

■『道元の読み方』(栗田勇著、祥伝社黄金文庫)

禅宗の有名な言葉に、「百尺竿頭《かんとう》すべからく歩を進むべし、十方世界これ全身」がある。「百尺竿頭」とは長い竿の先端、つまり頂点をきわめたことを意味する。しかし、そこからさらに一歩踏み出せ、というわけだ。文字どおりに解釈すれば、頂点から転落することを意味する。

同書はこれを、「一歩踏み出したとたんに、落ちていく自分も感じない、身も心も脱け落ちたように透きとおってしまう。自分がゼロになってしまう。そうなったとき『十方世界』、つまり全宇宙が逆に自分の身と一致する。あるいは自分が全宇宙にまで広がっていく」と解説している。

道元の言葉にかぎらず、禅の世界には「名言」と呼ばれるものが少なからずある。それらを丁寧に取り上げ、解説したのがこの本だ。その明快さは、類書の比ではない。

名僧たちの素顔

■『親鸞和讃集』（名畑應順校注、ワイド版岩波文庫）

禅宗と並び、日本仏教のもう一本の大きな柱は法然を開祖とする浄土宗だ。その教えは「他力」、つまり「南無阿弥陀仏を唱えれば救われる」ということに尽きる。その弟子の親鸞は浄土真宗を開き、その教えを詩のような形で表現した。それが「親鸞和讃」だ。

かつて私は『声に出して読みたい親鸞』(草思社)という本を上梓したが、その際も「親鸞和讃」から多く引用させてもらった。親鸞の教えを知るには体感するのが一番だし、何より音読すると気分が良くなるからだ。

また、親鸞といえば「善人なおもて往生をとぐ、いはんや悪人をや」の「悪人正機説」で有名な『歎異鈔』(岩波文庫他、多数あり)もある。『歎異鈔』自体は短い文章だが、親鸞の考え方がよくわかる。

■『沙門空海』(渡辺照宏・宮坂宥勝著、ちくま学芸文庫)

弘法大師空海は、超人的な人物だったといわれている。吉野や室戸岬の岩屋で、「虚空蔵菩薩の真言を百万遍唱える」という修行を行って能力を鍛えたらしい。掛け値なしの一〇〇万回だから、たいへんな苦行だ。その末に、悟りを開くことができたという。この本は、そういう空海の生涯を綴っている。解説書として最適だろう。

なお、文筆家でもあった空海の著作は『空海コレクション1〜4』(ちくま学芸文庫）で読むことができる。

■**『狂雲集』（一休宗純著、柳田聖山訳、中公クラシックス）**

「一休さん」といえばアニメで知られるが、実在の一休和尚（一休宗純）は似ても似つかぬ人物だった。それを物語るのが、一休の漢詩を集めた『狂雲集』だ。禅の道を説く詩もある一方、森女という盲目の若い女性との老いらくの性愛を生々しく描いたものも多数ある。

禅の高僧であることは間違いないが、酒を飲み、髪を伸ばし、女性のみならず男色も好み、権威的なものを徹底的に嫌悪したという。自由奔放で豪放磊落な人物だったらしい。一連の詩から、その一端を垣間見ることができるだろう。

■**『良寛和尚逸話選』（禅文化研究所編、禅文化研究所）**

庶民に慕われた僧といえば、まず良寛が有名だ。生涯を通じて寺を持たず、各地に庵をつくって暮らしたが、その先々で易しく説法して地域に溶け込んだ。逸話の多さが、それを物語っている。

とりわけ、近所の子どもと遊ぶのが好きだったらしい。例えば凧に文字を書くようせがまれ、喜んで「天上大風」と書いた話は有名だ。「天の上を大きな風が吹く」という願いを込めたのだろう。その書は今日も残っているが、意味からも文字からも、良寛の大らかな人間性が伝わってくる。そんな良寛のエピソードを集めたのがこの本だ。

あるいは人物像を探るなら、『良寛詩集』(良寛著、入矢義高訳注、東洋文庫)も参考になるだろう。

■『白隠禅師：健康法と逸話』(直木公彦著、日本教文社)

江戸中期の禅僧で「臨済宗中興の祖」とされる白隠禅師は、数々の健康法を編み出したことでも知られる。自然治癒力をベースとし、「内観」や「軟蘇」と呼ばれる技法によって神経症と結核を治したらしい。

そういう技法と逸話とをセットで紹介しているのがこの本だ。加えて、これらの健康法を本人が記した「夜船閑話」と「遠羅天釜」という文章の原文も掲載している。健康法とともに、白隠の人となりもわかる趣向だ。一九七五年の刊行以来、今日まで売れ続けていることからも、内容の充実ぶりが窺えよう。

■『山頭火句集』（種田山頭火著、ちくま文庫）

今日でも高い人気を誇る俳人の一人に、種田山頭火がいる。人生の紆余曲折を経て、四二歳ですべてを捨てて出家し、四四歳から禅僧の姿で西日本を中心に放浪する。人間としてだらしない部分も多く、けっして悟った僧ではなかったが、その先々で詠まれた型に囚われない「自由律」の句は素朴で味がある。

例えば、「蜘蛛は網張る私は私を肯定する」という句がある。蜘蛛が網を張るように、自分は自分の生き方を肯定しよう、と自分に言い聞かせているのだろう。かつて私はこの句を、監修するＮＨＫ・Ｅテレの番組『にほんごであそぼ』で採用した。平易な言葉で力強く綴っているから、幼児にも〝受け〟がいいのである。

あるいは「まっすぐな道でさみしい」「どうしようもないわたしが歩いている」「分

け入っても分け入っても青い山」のような句も有名だ。山頭火のファンならずとも、一度は句集に目を通してみることをおすすめしたい。

■『一日一生』(酒井雄哉著、朝日新書)

比叡山延暦寺には、「千日回峰行」という荒行がある。七年間で都合四万キロもの山道を歩き続けるというものだ。これを成し遂げると「大阿闍梨」と呼ばれるが、一度ならず二度までも経験したのが酒井雄哉さん(二〇一三年九月没)だ。延暦寺の長い歴史の中でも、わずか三人しかいないという。

これだけの苦難を乗り越えた方だけに、著書も多い。この本もその一冊だ。ただし、けっして超人的なメッセージが綴られているわけではない。タイトルのとおり、毎日を一生懸命に生きなさいと親しみやすい語り口調で述べているだけだ。だが経験に裏打ちされた言葉だけに、強烈な説得力がある。

ブッダ自身は、苦行を是とはしていなかった。ただし苦行の経験がないわけではない。六年間も厳しい苦行に耐えた挙げ句、何も悟れないことに疑問を感じ、山を下りて菩提樹の下に静かに座る道を選ぶ。それによって四九日で悟りを開くことができたのである。

では、苦行を経ずにいきなり菩提樹の下に座ったとしても悟れたかといえば、おそらく答えは「ノー」だろう。苦行の経験があったからこそ静かな場所の価値に気づき、それによって苦行を「不要だった」と断言できたのではないだろうか。

実際、苦行にかぎらず、何かを成し遂げた人、突き抜けた人の言葉は重い。それが肯定であれ否定であれ、傍観者や未経験者の言葉よりはずっと価値がある。

仏教と現実世界との接点

■『勤勉の哲学』（山本七平著、祥伝社ノンセレクト）

社会学者マックス・ヴェーバーの著書『プロテスタンティズムの倫理と資本主義の精神』といえば、プロテスタントの禁欲的で勤勉な精神が資本主義の発展に貢献した、とする歴史的名著だ。信仰と労働とは一見相反するものだが、実は直結している。真面目に働くことが神に仕えることであり、その結果として自身も豊かになる、というわけだ。

同じような思想を説く人物が、日本にもいた。戦国末期から江戸時代初期に生きた曹洞宗の僧侶・鈴木正三《しょうさん》だ。出家して修行の道に入ることだけが信仰ではない。在家のまま、自分の仕事を全うすることも悟りへの道であると説いたのである。

たしかにこの思想は、説得力がある。もし仮に全員が出家したら、社会が成り立たない。責任感や使命感を持って働くこと自体、修行に近い。それは私たちが日々、感じていることだろう。日本人には、勤勉こそ美徳と考える習慣がある。その根底に仏教哲学がある、というわけだ。

山本七平はこの本で、そんな鈴木正三と江戸時代中期の思想家・石田梅岩を取り上げ、日本資本主義の強さと、その要因である勤勉さの源流に迫っている。

■『宮崎哲弥　仏教教理問答』（宮崎哲弥著、サンガ文庫）

評論家として知られる宮崎さんは、仏教の研究に力を注がれている。その一端が、複数の僧侶との対談をまとめたこの本だ。

仏教を学ぶとき、ブッダの教えを記した原始仏典を教材にするのも一つの方法だ。だが一方では、今日まで多くの僧によって積み重ねられてきた膨大な理論もある。それをざっくりと理解するには、この本がちょうどいい。仏教理論は複雑で難解なものだが、対談集だから言葉も平易だ。

なお、宮崎さんと、ベストセラーを数多く出している話題の僧侶・小池龍之介さんとの対談をまとめた『さみしさサヨナラ会議』（角川書店）もおもしろい。こちらは仏教の研究と力まず、心が疲れたときに読むといいだろう。

■『宮沢賢治全集6』（宮沢賢治著、ちくま文庫）

般若経などと並び、初期の大乗仏典の一つとして生まれたのが『法華経』だ。日本では「南無妙法蓮華経」のイメージが強いが、逸話を含む二八の章で構成されている。

その美しい世界観に心酔したのが、宮沢賢治だ。有名な『雨ニモマケズ』にも、法華経の考え方が溶け込んでいるといわれている。また、その世界観を子どもに伝えるべく、自身の多くの童話作品に反映させた。単に経文を解説するより、たしかに物語に仕立てたほうがわりやすいだろう。実際、大人が読んでも「こういうきれいな世界で生きたい」と思わせてくれる作品ばかりだ。

例えば、この全集に収録されている「インドラの網」もその一つ。キラキラした天上の世界を描いた、幻想的な作品になっている。「雁の童子」「学者アラモハラドの見た着物」などの作品も同様だ。

あるいは法華経そのものに触れるなら、『法華経（上中下巻）』（坂本幸男・岩本裕訳注、岩波文庫）がある。両方をセットで読めば、より理解が深まるだろう。

■『ブッダに学ぶゴルフの道〈地の巻〉』（三田村昌鳳著、中央公論新社）

ゴルフはよく「メンタルスポーツ」と称される。心の乱れがそのままスコアに表れてしまうから、常に自制を求められるのである。そういうとき、たしかにブッダの教えは役に立つかもしれない。ゴルフ好きの人が読めば、ブッダや仏教をより身近に感じられるだろう。

■『ファンシィダンス（全五巻）』（岡野玲子著、小学館文庫）

一九八〇年代前半の禅寺を舞台にした青春漫画だ。シティライフを楽しんでいる大学生の主人公が、修行僧として山に入って悪戦苦闘する。時代はやや古いが、現代人にとっての修行がどういうものかがよくわかるだろう。後に周防正行監督によって映画化もされている。

同じく漫画作品としては、「仏教専門学校」を舞台にした『ぶっせん（全3巻）』（三宅乱丈著、太田出版 F×comics）もおもしろい。こちらも一〇年以上前の作品だが、たいへんな人気を博し、最近になってドラマ化・舞台化もされている。

本書は2014年9月に刊行した『仏教 心を軽くする智慧』を改題、文庫化したものです。

日経ビジネス人文庫

齋《さい》藤《とう》孝《たかし》の仏《ぶっ》教《きょう》入《にゅう》門《もん》

2019年1月7日 第1刷発行

著者
齋藤 孝
さいとう・たかし

発行者
金子 豊

発行所
日本経済新聞出版社
東京都千代田区大手町1-3-7 〒100-8066
電話(03)3270-0251(代) https://www.nikkeibook.com/

ブックデザイン
鈴木成一デザイン室

本文 DTP
マーリンクレイン

印刷・製本
凸版印刷

Printed in Japan ISBN978-4-532-19885-5

nbb 好評既刊

「一流」の仕事
小宮一慶

「一人前」にとどまらず「一流」を目指すために、仕事への向き合い方やすぐにできる改善、スキルアップ法を、人気コンサルタントがアドバイス。

「3人で5人分」の成果を上げる仕事術
小室淑恵

残業でなんとかしない、働けるチームをつくる、無駄な仕事を捨てる……。限られた人数と時間で結果を出す、驚きの仕事術を大公開!

FOCUS 集中力
ダニエル・ゴールマン
土屋京子＝訳

「集中力」こそが成功に欠かせない能力だ——。世界的ベストセラー『EQ』著者が、私たちの人生を左右する力の謎としくみを解き明かす。

35歳からの勉強法
齋藤 孝

勉強は人生最大の娯楽だ! 音楽・美術・文学など興味ある分野から楽しく教養を学び、仕事も人生も豊かにしよう。齋藤流・学問のススメ。

人はチームで磨かれる
齋藤 孝

皆が当事者意識を持ち、創造性を発揮し、助け合うチームはいかにしてできるのか。その実践法を、日本人特有の気質も踏まえながら解説。

nbb 好評既刊

経営者が語る戦略教室

日本経済新聞社＝編

社内の宝を再発見したカルビー、地方攻めるジャパネットたかた、優れた本社で世界へ挑むテルモ――。経営者と経営学者による戦略講義。

世の中のカラクリが丸見え！イチからわかるニュース塾

日本経済新聞社＝編

宇宙の実験は何の役に立つの？　ブラック企業のどこがブラック？　読んで納得、素朴な疑問から経済の謎まで解明する時事解説書。

日経記者に聞く投資で勝つ100のキホン

日本経済新聞社＝編

決算や相場分析などにかかわる投資の基本用語を、100項目でわかりやすく解説。投資で成功するための必須知識が身につきます！

やさしい行動経済学

日本経済新聞社＝編

人の行動は何で決まるのか？　国民性の違い、男女の意思決定の違い、希望の役割など様々な角度から人を動かす謎を解明する。

価格でわかる日本経済

日本経済新聞社＝編

価格と料金のストーリーを追えば、素顔の日本経済が見えてくる。日経電子版連載「価格は語る」を中心に文庫化。

好評既刊

仕事がもっとうまくいく！たった3行のシンプル手紙術
むらかみかずこ

送付状やお礼から、書きにくいお断り、お詫びの手紙まで。ビジネスで活用できる、たった3行の言葉で相手の心を動かすテクが満載の一冊。

村上式シンプル英語勉強法
村上憲郎

スクール、高い教材、机も不要。本当に使える英語を集中的に身に付けよう。多忙なビジネスパーソン向けの最強の英語習得マニュアル。

あきらめない
村木厚子

09年の郵便不正事件で逮捕、長期勾留された厚労省局長。極限状態の中、無罪を勝ち取るまで決して屈しなかった著者がその心の内を語る。

コギャルだった私が、カリスマ新幹線販売員になれた理由
茂木久美子

なぜ彼女は通常の5倍という驚異的な売上を達成できたのか？　各メディアで話題、伝説の山形新幹線車内販売員が説く「接客のこころ」。

30の「王」からよむ世界史
本村凌二＝監修
造事務所＝編著

復讐の連鎖をやめさせたハンムラビ王から悲運の君主ニコライ2世まで、世界史を読み解く上で外せない30人の生き様や功績を紹介。